CAFE Y COPA
CON LOS FAMOSOS

FOTO CUBIERTA: Gigi
MAQUETACION Y REALIZACION TECNICA: Luis Díez

PRIMERA EDICION: enero 1976
SEGUNDA EDICION: febrero 1976

EDITOR: José Mayá

Doctor Fleming, 51 - Madrid-16
Teléf. 416 12 00
Empresa 1215/74 del Registro del
Ministerio de Información y Turismo
IMPRESION: *Altamira, S. A.*
Carretera de Barcelona, Km. 11,200. Madrid-22
DEPOSITO LEGAL: M. 40.719/75
ISBN 84-7380-081-8
Distribuidora: MAYDI, S. A.
Doctor Fleming, 51
MADRID-16

Impreso en España
Printed in Spain

F. VIZCAINO CASAS

CAFE Y COPA CON LOS FAMOSOS

SEDMAY EDICIONES

NOTA EDITORIAL

«CAFE Y COPA CON LOS FAMOSOS» es como un extenso «test» realizado sobre un muestrario complejo, variado, y por ello especialmente representativo de personalidades relevantes de nuestra época. Personalidades de todo tipo, condición e ideología: políticos, escritores, artistas de cine, filósofos, futbolistas, pintores, músicos, toreros, poetas, e incluso un famoso presidiario. Fernando Vizcaíno Casas, que con «La España de la Posguerra» alcanzó uno de los mayores éxitos editoriales de los pasados meses, se ofrece ahora en una nueva personalidad de su estilo literario: como entrevistador profundo, que diseña en pocos trazos la sicología de sus personajes y sabe plantearles un temario de preguntas de singular interés. Como resumen de criterios sobre el contorno social de la España de hoy y sobre las vivencias personales de todos estos nombres populares, «CAFE Y COPA CON LOS FAMOSOS» resulta un libro de gran amenidad, alta calidad periodística y enorme interés humano, que acredita la variedad de estilos de su autor.

JOSE MAYA, EDITOR

CAFE Y COPA CON...

Se recogen en este libro un conjunto de entrevistas realizadas con personajes de muy diversa significación pero que, precisamente por esa su variedad de profesiones y de tendencias ideológicas, suponen un escaparate bastante completo de la España actual. Políticos, artistas, escritores, filósofos, médicos, poetas, toreros, pintores, futbolistas, bailarines y hasta un presidiario exponen sus criterios sobre el contorno social del país y sobre sus particulares vivencias profesionales.

Con la mayoría de ellos charlé de verdad, frente al café y la copa que tradicionalmente constituyen como un símbolo de la convivencia y el diálogo. Las conversaciones se desarrollaron en un amplio período de tiempo, que abarca desde 1968, en que tuvieron lugar las primeras, hasta 1975 en que mi visita al Penal de Cartagena y mi conversación con Eleuterio Sánchez, «El Lute», cerró el temario que me interesaba recoger en el libro.

Algunos de los entrevistados han fallecido antes de que el libro apareciese. No he querido, sin embargo, retocar las entrevistas y he mantenido en ellas el diálogo en tiempo presente, porque pienso que de esta forma alcanzan todavía mayor interés los juicios y los comentarios de estas personas que ahora ya no están con nosotros. Tampoco he modificado ni la ambientación ni las respuestas de mis entrevistados en aquellos otros casos en que, al correr el tiempo, ellos han podido cambiar su postura ideológica o su posición humana. Dijeron entonces lo que aquí se reproduce y estoy seguro de que ninguno pretenderá desmentirme ahora.

En un libro de las características de éste, el autor limita forzosamente su capacidad creativa y se convierte, más que en escritor, en notario que da fe de opiniones ajenas. Esto no quiere decir que yo no tenga el convencimiento de que la aportación personal del autor resulta fundamental ni mucho menos, que no piense que se trata de un género literario digno de especial atención, porque sus dificultades son notables. Hasta tal punto creo en la importancia de la entrevista, que a ella dediqué mi «tesina» para obtener el título en la Escuela Oficial de Periodismo. La nómina de entrevistadores que han creado escuela, dignificando el género y prestigiándolo al recoger en libro sus trabajos, es tan ilustre como significativa. Pensemos, como ejemplos, en César González Ruano, en Manuel del Arco o en Oriana Fallaci.

Hecha, pues, la debida salvedad sobre la influencia del autor en el resultado final de las entrevistas, no sería justo por mi parte dejar de agradecer a todos los personajes que aparecen en este libro su colaboración y sus facilidades. Es evidente que ellos constituyen su primordial aliciente y que la fuerza de su personalidad y el interés de sus opiniones son las que mayormente importarán a los lectores. Por lo que creo un elemental deber de justa gratitud hacerlo constar así.

Y ahora, lector, puedes ya participar en este auténtico regalo que ha de ser para ti tomar el café y copa con los famosos...

F. V. C.

RAMON SERRANO SUÑER

Mi segundo apellido debe pronunciarse agudo, Suñer.

La actividad política es a veces decepcionante,
desmoralizante y deprimente.

Toda guerra civil
es la mayor desgracia que puede caer sobre los pueblos.

El remedio para España no ha de venir por el camino
de providencialismos trasnochados ni de falsos
y verbosos paternalismos, sino por el de la justicia y la verdad.

HACE treinta años, quizá más. Andaba uno luchando con el Bachillerato de Saínz Rodríguez, que no era ninguna tontería. Andaba también uno presumiendo de Jefe de Centuria de la O. J. con su camisa azul y sus tres flechas blancas, paralelas y horizontales. Y vino a la ciudad Ramón Serrano Suñer y hubo concentración monstruo y desfilamos luego frente a la tribuna que él presidía. Vestía uno de aquellos uniformes impecables, a los que su natural elegancia daba especial relieve. Firme, con los cabellos grises —ya entonces casi blancos— poniendo la nota de distinción en una cabeza hecha para escultores clásicos, saludaba el paso de las formaciones con una sonrisa enérgica. Era entonces Ministro y —al decir de la gente— el brazo derecho del Jefe del Estado.

Treinta años han pasado. Quizá más. Uno ha doblado ya con creces la curva peligrosa de los cuarenta años; Serrano Suñer dejó hace mucho tiempo de andar en menesteres públicos, aunque siga estando constantemente en la actualidad del país. Hombre de Derecho, abogado de pleitos sonados, conferenciante, alguna que otra vez toma la pluma para escribir tal o cual artículo en el que sigue probando que, si dejó la práctica política, continúa sin embargo siendo dueño de una especial sagacidad política. Y se me ocurre: ¿qué conexiones puede haber entre aquellos sus altos empeños políticos de antes y esta su actividad jurídica de ahora?

—La actividad profesional del Derecho —me contesta Serrano Suñer, que físicamente está casi igual que entonces, cuando cada día se asomaba a las primeras planas de la Prensa, con sus sienes ahora del todo blancas, con sus ojos de infinita agudeza, con su porte «chic» y su media sonrisa amable— persigue fines que afectan a intereses particulares; la actividad política busca —debe buscar— objetivos de interés público o general. Parece que esta diferencia habría de distanciar una y otra labor; pero esa distancia no es, sin embargo, tan grande como podría pensarse, porque los «materiales» sobre los que opera el político son los mismos que tiene ante sí el abogado: hombres, pasiones, aspiraciones, intereses, conflictos... Esto es: la vida, en sus múltiples facetas, con sus ejemplos, grandezas y miserias.

¿Y en cuál de estas dos actividades, la política y la jurídica, se agradecen mejor los triunfos y duelen más las equivocaciones?

— En la actividad política, la mayor extensión, la esfera más amplia de repercusión del triunfo, puede producir satisfacciones más intensas. Lo mismo puede decirse de la contrariedad y el disgusto que ocasionan los errores que se cometen. Pero cuando un abogado abandona la actividad política —tan decepcionante, desmoralizadora y deprimente muchas veces— y se recoge en el huerto sagrado de su bufete, conoce goces íntimos en un ambiente de mayor serenidad y rigor. Y las contrariedades profesionales que la derrota produce son menos desalentadoras que las que la vida pública en determinadas circunstancias depara y se encajan con un gesto de humana comprensión.

Pero, volviendo a las cuestiones políticas, a estas alturas lo que hemos de pensar es que toda guerra civil, en cualquier caso (promovida por unos o por otros, con independencia de las razzones o circunstancias que en su origen la justifiquen o por lo menos la expliquen) es la mayor desgracia que puede caer sobre los pueblos, de la que se derivan mil calamidades irreparables con heridas en lo íntimo de las almas más sensibles en cualquiera de los bandos, que no se curan. Con errores, con crímenes, con arbitrariedades e injusticias arrastrados los hombres por las pasiones y la ferocidad de su ambiente. Pidamos a Dios que no se encuentren nunca más los españoles en la necesidad de repetir los horrores que hemos vivido y de llorar sobre el país perdido.

El remedio no ha de venir por el camino de providencialismos trasnochados ni de falsos y verbosos paternalismos, sino por el de la justicia y la verdad que son, mucho más que la fuerza, las bases de la paz y del orden, que sólo así pueden ser duraderos.

Por su misma esencia, en plena guerra civil no puede haber más que «autoritarismo», cosa bien distinta de la verdadera «autoridad». Por eso, en ella fuimos autoritarios, como lo son los socialistas revolucionarios y mucho más que nadie los comunistas. En aquel trance y en los subsiguientes se parte del error de considerar al país como patrimonio de unos grupos, cuando la verdad moral es que el país es de todos.

(Estamos charlando en el salón de la casa donde, desde hace años, vive Ramón Serrano Suñer. Sobre una mesa, un gracioso grupo escultórico recoge los rizos infantiles de sus hijos, cuando eran aún niños. Hay en el hall dos estupendos retratos de su mujer, Zita Polo; uno, de Zuloaga y otro de Benedito. Y un Sert espléndido, que me sorprende porque nada tiene que ver con el estilo comúnmente conocido del gran pintor catalán. Y un primitivo flamenco, una tabla de Alejo Fernández... Y libros, muchos libros, llenando las estanterías que lo cubren todo. Pienso que, previamente, había enviado a mi interlocutor de hoy un cuestionario, en el que predominaban las preguntas sobre temas jurídicos. Cierta prevención a que se me escapara de los otros temas, los políticos, me impidió centrar sobre ellos la lógica preponderancia del reportaje. El cuestionario, con sus respuestas, está aquí, contestado de arriba abajo por don Ramón. Pero ahora charlamos sobre cuestiones quizás más atractivas para el lector no especializado...)

De veras, Serrano: ¿No ha pensado nunca volver a la actividad política, no le ha tentado palpar de nuevo la gloria y la inquietud del quehacer público?

Serrano Suñer, con Heinrich Himmler,
en los difíciles años de la segunda guerra mundial.

El actual don Ramón Serrano, letrado ilustre, firme vocación política fuera de la política activa.

—No, ahora no. Años atrás alguna vez lo pensé: el caudal de experiencia que el ejercicio del poder primero, y el que luego la lucha, el trabajo y la vida ordinaria acumularon sobre mí; la madurez, la reflexión y la independencia (depuradoras de fanatismos, errores y pasiones) me habrían permitido hacerlo tal vez con alguna utilidad. Pero nada de esto contaba y no existió la menor posibilidad. Imperaba el continuismo. Con toda claridad expliqué mi posición en unas declaraciones a *La Vanguardia* de Barcelona, hace seis o siete años.

En el cuestionario, muy interesante y muy técnico, que para esta entrevista anticipadamente me envió usted (y que por lo visto en su intención era tan sólo un medio de penetración en el tema político) sólo había un punto que rozara esa materia: aquel en que me pedía usted que señalara, como hombre de Derecho y como hombre público, las diferencias y conexiones entre una y otra actividad. Mi respuesta terminaba así: «El hombre de Derecho como el verdadero político nada son ni nada serio pueden hacer si no se sienten sostenidos por una fe y una vocación ferviente». A mí por lo menos eso me ocurrió siempre.

¿Cuáles son sus mejores recuerdos como político?

—A la luz de la experiencia, los que me producen mayor satisfacción se refieren a los actos que un día me resultaron más penosos: mis esfuerzos para evitar a España (pese a una leyenda oportunista y cobarde que en torno a mí se tejió y que hoy está ya documentalmente destruída) el sacrificio de participar en la Guerra Mundial y mis esfuerzos, fallidos, para el replanteamiento a fondo de la vida del país, para evitar que cayera en el adocenamiento y en el juego concentrado. Unos y otros me justifican ante mí mismo de otros momentos aparentemente más felices, pero menos acertados, sin duda.

Habla Serrano Suñer de «una leyenda oportunista y cobarde». Piensa, claro, en aquella que le eligió como adalid de un intervencionismo, por sus tendencias italianófilas, incluso germanófilas. El ha negado siempre todo propósito intervencionista y la Historia —véanse los documentos de Nuremberg— le ha dado la razón.

En el Diario autógrafo del General Jodl, jefe de operaciones del Cuartel General del Führer, refiriéndose a la reunión que en Berchtesgaden celebró Serrano Suñer con Hitler el 18 de noviembre de 1940 (después de la conferencia y protocolo de Hendaya), Ribbentrop, Keitel y el propio General Jodl, éste escribió que el Ministro español a quien calificaba de «jesuítico» fue quien desbarató todo el plan minuciosamente preparado por el Estado Mayor alemán para la acción militar conjunta sobre Gibraltar, el Estrecho y el Norte de Africa. (Serrano Suñer ha contado aquella dramática conversación en la que por parte española estuvieron presentes además el Barón de las Torres y el profesor Tovar, en el capítulo de su libro *Entre Hendaya y Gibraltar* que titula «Consejo de Guerra en Berchtesgaden»).

— Pero no debemos olvidar —continúa don Ramón— lo que hay de meramente ocasional y contingente en toda actividad política, en un tiempo determinado. Entonces vivíamos con fanatismo y atraídos por el signo político que triunfaba en Europa y por las oportunidades que al engrandecimiento de España prometían. Pero por encima de nuestra política de amistad con las potencias del Eje y de toda otra consideración, puse siempre los intereses supremos de mi Patria y lo hice con toda energía, con un temple y un valor moral —¿por qué no decirlo?— en las entrevistas más peligrosas y difíciles que celebré con quien era entonces dueño del continente, que no estoy seguro hubieran tenido otros. Por cierto que he podido comprobar recientemente que no todos los españoles tienen mala memoria; el mes pasado recibí desde Berchtesgaden esta postal que firma sin más «un sevillano» de paso por aquel lugar, quien me dice que pensando en la batalla que allí tuve que reñir para evitar la entrada en la guerra de nuestro país me saluda y da las gracias. Claro que las propagandas lo deforman todo; igual que por entonces presentaba a unos alemanes maravillosos y tenaces, una vez vencidos sólo se habló de su crueldad. La propaganda es uno de los grandes males de nuestro tiempo. Es, desde luego, anticristiana porque se basa en la negación o en la deformación de la verdad.

Le digo que, en alguna época, la propaganda oficial dependió personalmente de él y Serrano Suñer, que pasó hace tiempo las fronteras de la incomprensión y de la vanidad, sonríe sin hacer caso de la posible impertinencia. La verdad es que me siento muy a gusto en compañía de este hombre, cuyos discursos tanto nos entusiasmaban a los mocitos de los años cuarenta. Y le hablo de José Antonio, por el que siente una admiración emocionada, al que rinde siempre una entrañable veneración; y me cuenta anécdotas de la actividad política del Fundador, que revelan —por si hiciera falta, a estas alturas— la tremenda capacidad humana de José Antonio, su cordial y apasionada entrega a su ideal. Y hablamos también de Prieto y de aquel Congreso de Diputados, donde él se sentó tantas veces y del que José Antonio le dijo un día que no todo allí era malo y que «con límites» constituiría un muy valioso elemento de control y la gran escuela de formación política.

En 1947 publicó Ramón Serrano Suñer un libro importante: *Entre Hendaya y Gibraltar*. Un libro decisivo para conocer el difícil mundo político español de los años de la Guerra Mundial; un libro en el que no se sabe qué es más interesante, si las cosas que se dicen o las que se adivina que se callan. Hoy es una referencia clásica en todos los libros que en el mundo se escriben sobre el tema. Desde entonces, la bibliografía sobre nuestra guerra, sobre nuestro régimen, se ha incrementado copiosamente. ¿Habrá segunda parte del libro, como prometía su autor en la primera edición? ¿No sería, incluso, necesario para aclarar tantas confusiones como han producido esos otros libros —Líster, García Venero, Rojo, Dávila, Ridruejo— que aparecieron en los últimos meses?

— Frente a las posiciones meramente propagandísticas o tácticas, ha llegado ciertamente la hora de las aportaciones a la Historia objetivas, rigurosas y honestas. Pues hasta en las publicaciones que se editan en España, aparte de interpretaciones tendenciosas y acomodaticias, se acumulan incluso errores de hecho sobre datos biográficos de las personas, lo que revela un gran desprecio por la puntualización histórica.

Eso quiere decir, don Ramón...

— Usted lo comprenderá.

Pienso que habrá nuevo libro. Me atrevo a decir que lo prepara —sosegada, concienzudamente— Serrano Suñer. El hombre que trató directamente a las personalidades más brillantes de la Europa de los años cuarenta: a Hitler, a Mussolini, a Petain, a Ciano...

¿Cuál es su opinión sobre ellos, cómo los juzga, aunque sólo sea desde su vertiente humana?

— Mis impresiones no sólo en lo político, sino también en lo puramente humano sobre estos personajes, figuran en las páginas de mi libro *Entre Hendaya y Gibraltar*...

Vamos, pues, a ellas. A la página 192, exactamente. Dice Serrano Suñer:

— Creo que en Hitler había mucho de ese sentimentalismo de pequeño burgués que formaba extraño contraste con su dureza y su seguridad mesiánicas de iluminado, de héroe entregado a un destino irremediable. Creo que sólo quien considere atinadamente estos dos aspectos podrá con fortuna dar de él un retrato cabal. Relacionadas con uno y otro de estos dos aspectos están todas sus manías. Las manías que le hacían indudablemente un hombre raro. Reconcentrado en su pasión de poder, en su tarea de creación que quería —como todos los idealistas— hacer eterna, y a la que no dejó de dar un cierto tono religioso; se relajaba luego un poco, una cierta tonalidad burguesa y casi infantil. Muchas veces —es inevitable— lo he comparado con Mussolini, a quien traté con más proximidad humana. ¿Es que se puede decir que Mussolini era más humano? En cierto modo, sí; pero en cambio, no creo que él se desarmase nunca en aquél aspecto de pequeño burgués. Mussolini era mucho más humano en cuanto se sentía más en los límites de un hombre sin aquella conciencia religioso-trágica de la misión, que Hitler tenía. En Mussolini había mucho de paternal y era, ante todo, el padre de su patria. Amaba profundamente a Italia, aunque siempre situándose encima, como un protector. Porque la amaba así, podía llegar a despreciarla alguna vez y muchas, a recriminarla amargamente. Hitler, en cambio, parecía sentirse fundido al mismo destino de Alemania, a su mismo ser. Era el enviado de su propio pueblo más que su hacedor.

(«No podría mejorar aquellas impresiones del libro», me ha contestado Serrano cuando le pedía una impresión inmediata, de viva voz, sobre estas semblanzas. En efecto es difícil precisar mejor las dos personalidades humanas y políticas del «Führer» y del «Duce»).

— En cuanto al Mariscal Pétain, a quien traté mucho, le diré que fue un gran patriota que se sacrificó por su pueblo. Ciano era inteligente, escritor brillante, político mimado, inestable y ligero; hombre no bien educado. Afrontó la muerte con mucho valor.

Y aquí tengo las otras respuestas escritas, las que se refieren a temas muy profesionales, muy concretamente jurídicos. ¿Caben ya en el reportaje? Pienso que no. Baste decir que Serrano Súñer, hombre de Derecho, jurista eminente, ha sabido resolver sabiamente los problemas que le planteaba sobre la evolución de la idea del Derecho, sobre la limitación del derecho de propiedad, sobre las actuales orientaciones de la ordenación jurídica, que rompen incluso con antiguas concepciones de la Ley Positiva. Valdrán estas respuestas para mejor ocasión, para publicaciones más especializadas. Pero no me resisto a reproducir su respuesta a esta pregunta, también profesional:

¿Cuál es su mejor recuerdo como abogado?

— Uno de mis recuerdos de mayor satisfacción corresponde a la lucha, en el plano jurídico y jurisdiccional, contra uno de los mayores poderes económicos de nuestro país. En tal ocasión, no sólo tuve la impresión de estar sirviendo a la justicia según Derecho —lo que he procurado hacer siempre— sino también, a la Justicia.

Dos horas largas llevo con Ramón Serrano Suñer. Soy yo quien cierra la charla y bien sabe Dios que muy a mi pesar. Ya en trance de despedida, hablamos de pequeños y entrañables temas muy íntimos; de su infancia en Castellón de la Plana; de sus recuerdos de aquel trenecito —La Panderola—, que recorría un paisaje asombroso de naranjales; y de amigos comunes que vamos descubriendo; de personas que ya no están con nosotros; del origen catalán de su apellido Suñer, que se castellanizó en el XVIII por lo que, sin embargo, debe pronunciarse agudo. Me encanta comprobar la facilidad con que el ex Ministro, el letrado ilustre, el hombre público, el líder político, se deja vencer mansa, dulcemente, por el hombre a secas.

ADOLFO MARSILLACH

No creo que el actor tenga que ser forzosamente universitario,
aunque pienso que debe estar preparado como un intelectual.

Estoy en contra de que el teatro sea un lujo de una clase
privilegiada que cumple una falsa ceremonia de la cultura.

No creo mucho en la vocación absoluta.
La primera vez que salí a un escenario fue de modo accidental.

Este país es excesivamente cálido.

Esta vez no es necesario hacer una semblanza física del personaje; el rostro de Adolfo Marsillach es sobradamente conocido en el país. Diré, en todo caso, que le encuentro muy delgado; quizás, demasiado delgado. Cosas de su salud, que no anda bien últimamente. Contra lo que bastantes pueden creer, Marsillach es extremadamente cordial, pese a su apariencia un tanto adusta. Y, ni que decir tiene, fácil de palabra y abundante en ideas.

Cuando tú empezaste en el teatro, la profesión de cómico parecía poco apta para intelectuales o gentes universitarias. En cierta medida, iniciaste la etapa de los actores con inquietudes, hasta entonces centrada casi exclusivamente en Fernán-Gómez…

— Bueno, yo no me atrevería a aceptar el título demasiado pomposo de «pionero de la intelectualidad en el teatro»; lo cierto es que yo, que estudiaba Derecho, me hice actor, lo cual hace veintitantos años resultaba sorprendente. Un universitario metido en el mundo del teatro parecía poco normal.

Hoy ya no…

— Sí, hoy ha cambiado algo todo esto. Pero conste que no se trata de que yo crea que el actor debe ser forzosamente universitario; lo que sí creo es que ha de estar preparado como un intelectual y plantearse con rigor lo que representa su profesión, lo que supone ser actor dentro de nuestra sociedad. Cuando yo empecé, el actor era un individuo que pretendía sólo ganar dinero, ser el primero dentro de su mundo, poderse comprar un piso..., un coche... No quiero decirte que esto no subsista, los ejemplos son claros; pero pienso que hay una generación nueva que se plantea el hecho de ser actor; de que el actor es una persona involucrada en la sociedad que le rodea, frente a la que se formula una serie de interrogaciones. Es decir: ¿debe un actor interpretar un personaje que vaya en contra de sus ideas como hombre? Yo mismo, ahora, no representaría un papel con el que no estuviese de acuerdo. Esta conciencia del actor respecto a la sociedad y sus problemas me parece una revolución necesaria y urgente.

Es tarde de domingo, cuando el otoño apunta. Charlamos en el apartamento de Marsillach, pequeño, muy acogedor, con algunas fotos de caracterizaciones suyas, varios diplomas de premios ganados y un «poster» gracioso. Bebemos whisky:

—Mira, la enorme transformación que algunos queremos que se produzca en el teatro se basa en que estamos en contra de que sigue siendo el lujo de una clase privilegiada, que durante muchos años iba a ver comedias para vestirse elegantemente, saludar a las amistades y cumplir una especie de ceremonia falsa de la cultura. Los actores servían a ese estado de cosas, se vendían a una sociedad que pagaba su butaca. Pero ahora, al margen de divertir al público, algunos pretendemos algo más. Pretendemos la comunicación entre los hombres, hacernos preguntas a nosotros mismos e incluso desarrollar una cierta labor de denuncia. Por eso, cuando el teatro se formula así, como una pregunta social e incluso política, es necesario que el actor no sea solamente intuitivo, que no salga a decir unas frases aprendidas sin otra consecuencia. Debe estar consciente de que es vehículo de unas ideas y por eso —repito— un actor honesto no puede hoy interpretar aquello con lo que no está conforme ni venderse como una mercancía.

Según eso, tú no podrías interpretar, por ejemplo La venganza de don Mendo, *que es comedia sin pretensiones dogmáticas...*

— Siempre que la representase como una demostración del hecho social que la produjo, claro que sí. Hay que revisar los repertorios. Actualizarlos. Y a los clásicos, por ejemplo, a los que siempre se les trataba con un respeto reverencial, trasladarlos a nuestro tiempo, imaginar cómo escribirían sus obras en nuestros días, entender las razones que hoy las justificarían.

En definitiva, Adolfo: que no aceptas el teatro de consumo.

— Bueno, lo acepto como un hecho consumado. Y no es chiste.

¿Y no crees que es, también, necesario?

— Sólo como una situación real de coexistencia. Si repasas las carteleras de cualquier ciudad europea, encuentras que siempre hay un teatro de consumo, al lado de otro que pretende cosas muy distintas. El problema está en la proporción.

A propósito de eso: ¿en qué medida hemos conseguido aquí elevar el nivel medio, «aggiornarnos» con el teatro importante que en el mundo es?

— Nos hemos aproximado de una manera mecánica; en lo material. Los decorados son mejores que antes, porque ya no son de papel; se gasta más dinero en los montajes; la luminotecnia es buena; los actores se saben sus papeles... Pero no hacemos aún un teatro español europeo; ocurre como en el cine, que tampoco es nuestro. Lo hacemos «a la manera de...». En el mejor de los casos.

¿Y no será que eso es lo que quiere el público español?

Juvenil
Adolfo Marsillach,
en los
comienzos
de su fama.

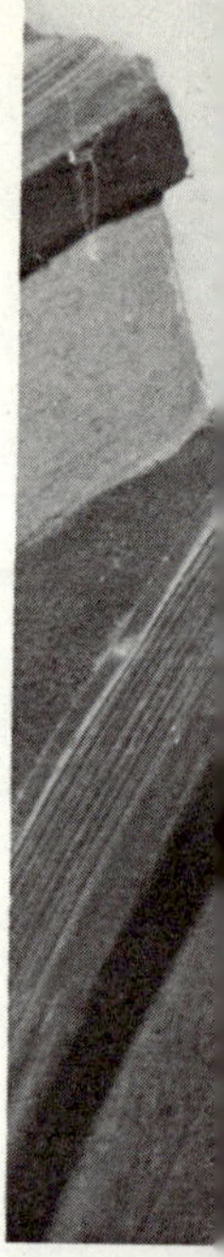

Puede ser una foto-símbolo: Marsillach, inquisitivo, curioso, inquieto.

Uno de los mayores éxitos de Adolfo Marsillach (por muy varios motivos): el «Tartufo», en versión libre.

—De entrada, pienso que hay que plantearse la cuestión de otra forma. Hay que preguntarse si podemos saber lo que le gusta al público español cuando no le ofrecemos otra cosa...

Sin embargo, tú tienes varias experiencias personales muy satisfactorias, como por ejemplo, Marat-Sade, *que fue un éxito de público. Como lo han sido otras obras en principio tenidas por anticomerciales: el* Calígula, *de Camus, o* Divinas palabras *o* Madre Coraje.

—Sí, hace algunos años que de una manera más o menos tímida se están produciendo ciertas experiencias. Por mi parte, estoy en ese camino, intentando demostrar lo que debe ser el teatro actual... Pero es muy difícil ir contra la corriente...

Marsillach habla también con las manos. Piensa las respuestas, sonríe antes de contestar alguna especialmente comprometida, tiene un gesto de seguridad y convicción en cierto modo irritante. Y, sin embargo, consigue dar una normalidad absoluta a los conceptos más elevados.

Fuiste durante una temporada director del Teatro Español, de Madrid. Es decir, lograste el ideal de muchos. ¿Qué piensas de aquella experiencia?

—Fue un honrosísimo error. Yo no era el hombre adecuado para dirigir un Teatro Nacional. A mí me cuesta incorporarme a un ejército regular; prefiero la guerrilla. Nunca me sentí cómodo; me gusta mucho más arreglármelas por mi cuenta y no tener que darle explicaciones a nadie.

Como actor teatral, Marsillach ha mantenido siempre una línea de gran dignidad en sus interpretaciones, en sus personajes. En el cine, en cambio, ha hecho de todo, aceptando a veces películas sin ninguna categoría. Me permito decírselo.

—Bueno, es que he llegado poco a poco a este rigor ético en mi profesión; las conclusiones que ahora mantengo no se han producido en mí de manera rápida ni espontánea. En la época en que yo hacía cine con frecuencia, todavía no las tenía. Quizás entonces había caído en la misma trampa de los demás: ganar dinero. Ahora busco otras cosas.

¿Cuándo te diste cuenta de que querías ser actor? Porque, en realidad, no hay en ti precedentes familiares, aunque tu padre fuese durante muchos años uno de los primeros críticos teatrales de España...

—No creo mucho en la vocación absoluta. La primera vez que salí a un escenario fue de modo accidental. Por otra parte, las vocaciones, a un lado lo que cada cual lleva dentro, están en función siempre de una circunstancia. Ramón Martori, actor catalán, amigo de mi padre, fue para mí la circunstancia. Necesitaba actores jóvenes para una función; yo tenía entonces diecisiete años. Se lo dijo a mi padre, a mí me divirtió y así empecé.

Ahora, ¿la actividad artística es para ti tu vida?

—Siempre que la justifique y que intente darle un sentido. Mientras pueda seguir en ella el camino que he decidido y sea consecuente con él. Mientras pueda hacer, como antes te decía, lo que coincide con mis ideas. Si un día, por las razones que fueran, esto se acabara, lo dejaría inmediatamente.

Adolfo Marsillach ha escrito también alguna comedia y en televisión probó sobradamente su categoría como autor. Quizás predomine en él esta personalidad...

—Sí, quizás —reconoce—. La prueba está en que, entre tantas cosas como se me critican, destaca la de decirme que mis montajes son excesivamente personales, que se ve demasiado al hombre que está en ellos. Efectivamente, eso es consecuencia de una postura mía, literaria e ideológica. A mí me gusta escribir; puede que algún día lo deje todo por escribir. Si en mi existe una auténtica vocación, probablemente es la de escritor.

Hablamos ahora a cuenta de los montajes escénicos y las copias descaradas que de ellos suelen hacerse. Problema también jurídico, que a mí me ha interesado profesionalmente. Comentamos las muchas obras que aquí han montado algunos, como consecuencia de varios viajes a París y a Londres y la necesidad de encontrar algún freno a este plagio, no previsto por las leyes.

Vamos a suponer que aparece un Mecenas y te ofrece todo el dinero que necesites para formar una compañía con los actores de cualquier parte que prefieras. ¿Cuáles serían?

Interrumpe el teléfono. La respuesta llega, sin embargo, con absoluta espontaneidad.

— Es que yo no haría eso nunca. Yo me planteo la posibilidad de un sistema nuevo, no la elección utópica de los mejores actores del mundo o de los medios más ricos para hacer teatro. Lo que me gustaría sería hacer un teatro profundamente español, partiendo del supuesto de la realidad española, adoptando una actitud crítica frente a ella.

— *Planteemos la pregunta de otra forma: ¿a qué actores has admirado más?*

— Bueno..., la verdad es que yo admiro más a los directores, que creo que son los que han cambiado el teatro. Claro está que con actores, digamos, malos no se puede lograr una buena obra; pero no dudaría en atreverme a lanzar a gente totalmente desconocida, seguro de conseguir buenos resultados. Pienso que la renovación del teatro depende de la renovación de los actores, de los directores y de los empresarios.

Tema importante: los empresarios teatrales del país.

— Hay que cambiar la mentalidad de bastantes; de los que se creen que tienen un establecimiento, una especie de tienda. Es preciso poner al día los escenarios de nuestros teatros, que están generalmente mal dotados en los aspectos técnicos. Mira, en París, derribaron el teatro «Sarah Bernardt» con toda su tradición a cuestas y construyeron otro enteramente nuevo, con el escenario abajo, con localidades en semicírculo, como en los teatros griegos, con unos sistemas de luces y cambios escénicos «al día». En general, la realización arquitectónica de nuestros teatros es detestable; me cargan los teatros bonitos; necesitamos teatros casi sin colores, funcionales, en los que lo importante no sea eso que llaman «el marco» sino lo que allí se representa. Los mismos palcos son una antigualla; un resabio de ese concepto del teatro como ceremonia social...

Al opinar así, ¿no estarás dando la razón a los que dicen de ti que eras más cerebral que sensitivo?

— Bueno, eso de mi forma de ser es consecuencia de dos cosas: de mi propia independencia y de que vivimos en un país de corazonadas, de pálpitos, que casi siempre nos han llevado a grandes desastres. Frente a eso, creo que se debe ser frío, lógico, cartesiano. Lo que no quiere decir que piense que mis espectáculos son fríos; más bien, que el país es excesivamente «cálido».

Termino hablándole de Louis Jouvet, el que fue extraordinario actor de la «Comédie». Si algún cómico español puede estar en su línea, es, desde luego, Adolfo Marsillach. Parece que él también está conforme con la semejanza.

Al final, hablamos de chicas.

ELEUTERIO SANCHEZ, "EL LUTE"

Como grupo étnico, los quinquis no son delincuentes.

Cuando entré en la cárcel la primera vez, no sabía leer ni escribir.

Ahora leo cosas de Antropología, Ciencias Sociales e Historia.

No me gusta el flamenco, ni el fútbol ni los toros.

Tampoco me apetece nada la vida burguesa.

De haber seguido solo, aún estaría por ahí afuera.

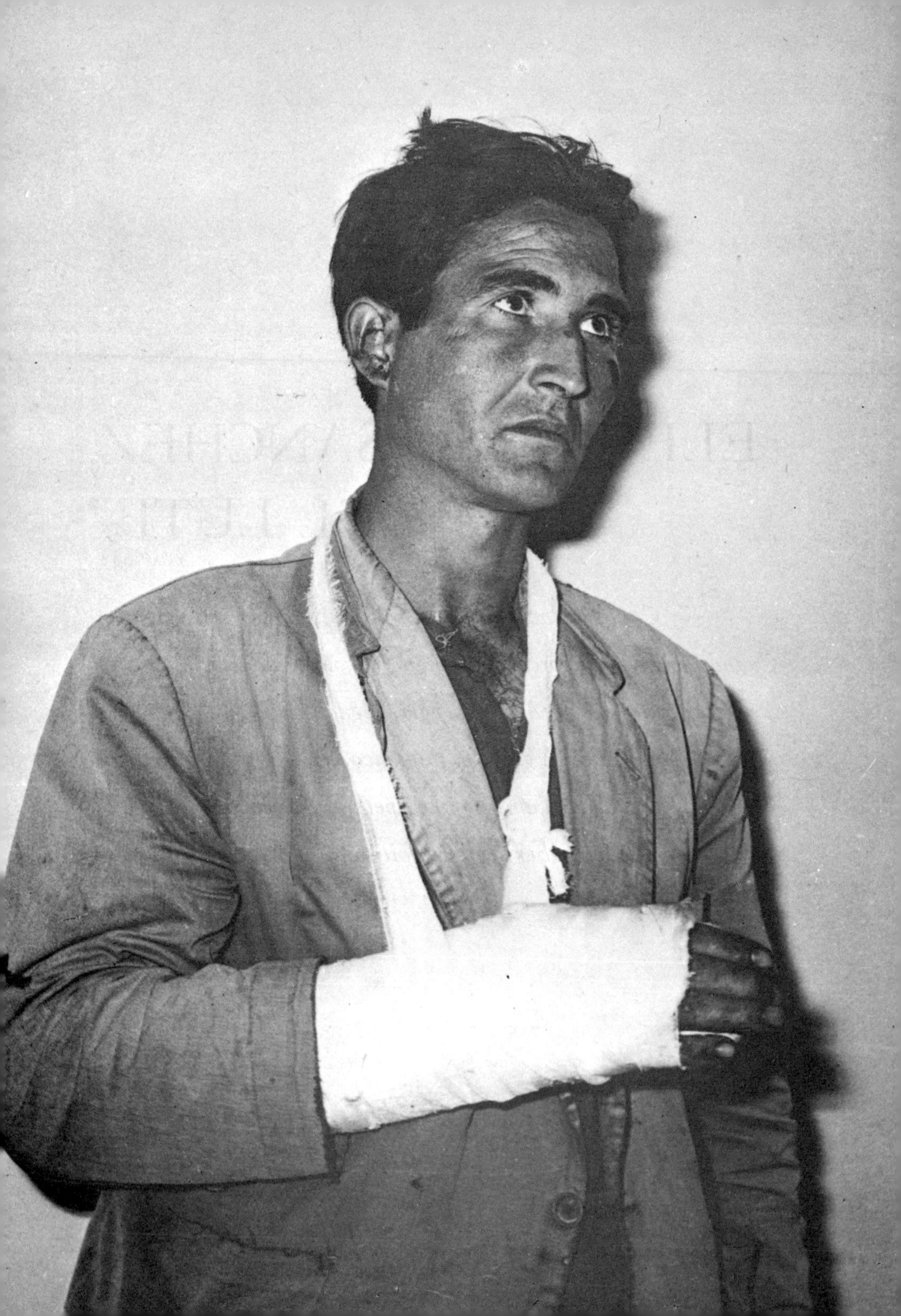

VICENTE Escrivá tiene escrito un guión cinematográfico titulado «El Lute». Se recoge en él, con absoluta fidelidad a la versión oficial, que a través de la prensa fue conociéndose, toda la peripecia de este singular personaje que es Eleuterio Sánchez, el «quinqui» que se hizo famoso en el país por su capacidad para la fuga. Para que ese guión pudiera llevarse al cine tal como está escrito,, con los nombres de los personajes reales, con la localización de ambientes y lugares también reales, yo entendí (consultado en mi calidad de abogado) que era indispensable contar con la autorización del interesado.

La Dirección General de Instituciones Penitenciarias dio toda clase de facilidades, primero para que Eleuterio recibiese un ejemplar del guión y después, para que yo lo visitase en el Centro Penitenciario de Cartagena, donde cumple condena. Debo resaltar mi especial agradecimiento a su Director, que allanó gentilmente las últimas dificultades burocráticas. Y así, en una mañana de abril tibia y soleada, llegué hasta el Centro Penitenciario. Mi primera sorpresa fue descubrir que no se trata de un edificio especialmente protegido ni siquiera situado en un paraje con determinadas dificultades de acceso (y sobre todo, pienso, de salida). Parece una cárcel común de cualquier ciudad y está ahogada por modernos edificios, que la sobrepasan sensiblemente en altura.

Eso sí; una vez en el locutorio, la ventana enrejada que separa al visitante del recluso presenta una especial protección, que no se da generalmente en las cárceles celulares. Está cubierta por una puerta de acero, que recuerda la caja fuerte de un banco. La abrió el oficial de Prisiones que me acompañaba y al otro lado apareció «El Lute».

Su figura me era conocida, como a todos, por la abundante iconografía suya que hace meses apareció en la prensa española. Ahora, sin embargo, está más grueso; bastante más. Iba vestido con un jersey por encima de una camisa beige y me saludó sin sonreír, dándome la mano a través de los barrotes. Se comprende en seguida que es hombre de personalidad muy firme y de inteligencia despierta. Habla pausadamente, pensando las palabras, meditando las respuestas. Tiene una gran seguridad en sí mismo. Cuando quiera, ha de hacerse simpático con facilidad a los demás.

Conocía, naturalmente, el objeto de mi visita y casi antes de que yo comenzara a hablarle del contrato que le iba a proponer, me dijo muy seco:

— Mire usted, de ese guión yo sólo acepto la última palabra; donde dice «fin».

Y eso, ¿por qué?

— Porque la cuestión que a mí me preocupa fundamentalmente, la consideración humana y social de los «quinquis» y de su contorno, no se plantea siquiera en el guión.

El guión trata de usted y de sus aventuras...

— Pero yo no puedo consentir que se haga con olvido del gran problema de nuestra etnia.

¿Había oído bien? Sí; «El Lute» decía «etnia» y seguía después explayando su punto de vista:

— Como grupo étnico, los «quinquis» no son delincuentes. Si en España somos alrededor de 150.000, no pasaremos de mil y pico los que tenemos cuentas pendientes con la justicia. El resto lo forman gentes que trabajan en lo suyo, como pueden...

¿En qué trabajan?

— Hombre, ya se sabe; van por las ciudades y por los pueblos y hacen de quincalleros y de traperos; de todo un poco. Eso es lo que los «quinquis» han hecho toda la vida. Lo que pasa es que cada vez hay menos trabajo, porque cambian las costumbres y con la sociedad de consumo, este tipo humano nuestro, antes muy necesario, ya no lo es apenas. Entonces, el estómago aprieta y llega un momento en que es preciso buscar dinero como sea. Y caemos en lo que la sociedad de ustedes llama delinquir.

Bueno, nuestra sociedad y la Ley...

— Ya, ya: la Ley. Habría mucho que hablar sobre eso; las leyes las hacen unos señores diciendo «eso, sí; eso, no» y prohíben a lo mejor cosas que al cabo de los años resulta que no eran tan malas. Mire, Hernán Cortés y Pizarro y los conquistadores, en todo el mundo, llegaron a tierras ajenas, se apoderaron de ellas y del oro y de las fortunas de los que allí vivían tan tranquilos y al cabo de los siglos leemos que fueron unos héroes.

Reconozco que yo estaba perplejo. Eleuterio hablaba con una brillantez formal bastante superior a la de un ciudadano medio del país. ¿Pero no decían que, hasta hace muy poco, era analfabeto?

— Sí, señor. Cuando entré en la cárcel la primera vez, no sabía leer ni escribir y aquí lo he aprendido y he estudiado mecánica y me he interesado por los libros.

¿Y qué lee?

— Sobre todo, cosas de antropología y ciencias sociales, que es lo que más me interesa. Y libros de historia. Hombre, de cuando en

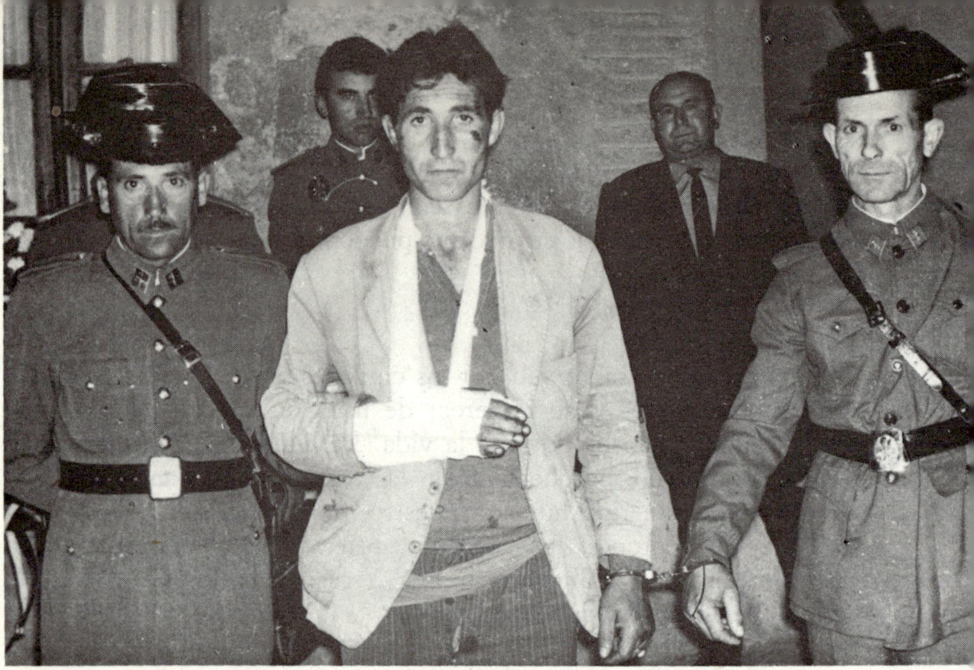

Primera detención de Eleuterio Sánchez, «El Lute». Luego, lograría escapar.

Ultima y definitiva detención del «quinqui». Alborozo general; también Eleuterio sonríe. ¿Por qué?

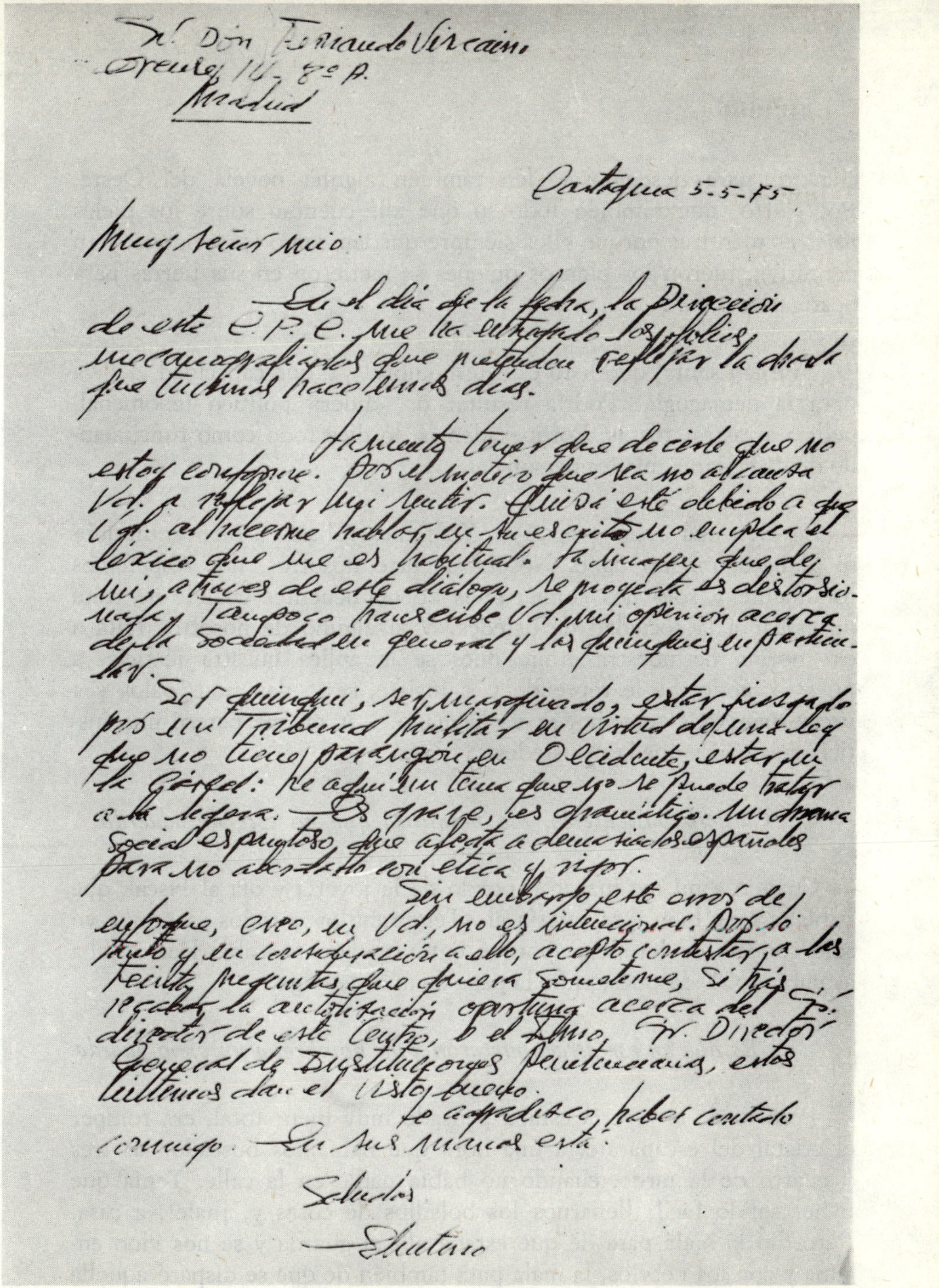
Sr. Don Fernando Vizcaíno
Orense, 14 - 8º A.
Madrid

Cartagena 5-5-75

Muy señor mío:

En el día de la fecha, la Dirección de este C.P.C. me ha entregado los folios mecanografiados que pretenden reflejar la charla que tuvimos hace unos días.

Lamento tener que decirle que no estoy conforme. Por el motivo que sea no alcanza Vd. a reflejar mi sentir. Quizá esté debido a que Vd. al hacerme hablar, en su escrito no emplea el léxico que me es habitual. La imagen que de mí, a través de este diálogo, se proyecta es distorsionada. Tampoco transcribe Vd. mi opinión acerca de la sociedad en general y los quinquis en particular.

Ser quinqui, ser marginado, estar juzgado por un Tribunal Militar en virtud de una ley que no tiene parangón en Occidente, estar en la Cárcel: he aquí un tema que no se puede tratar a la ligera. Es grave, es dramático. Un drama social espantoso, que afecta a demasiados españoles para no abordarlo con ética y rigor.

Sin embargo este error de enfoque, creo, en Vd., no es intencional. Por lo tanto y en contestación a ello, acepto contestar a las treinta preguntas que quiera someterme, si hoy recaba la autorización oportuna acerca del Sr. director de este Centro, o el Ilmo. Sr. Director General de Instituciones Penitenciarias, estos últimos dan el visto bueno.

Le agradezco, haber contado conmigo. En sus manos está.

Saludos

Eleuterio

Carta autógrafa de Eleuterio Sánchez al autor de este libro, comentando la versión dada a su conversación con él.

cuando, para desengrasar, leo también alguna novela del Oeste. Por cierto, que también todo lo que allí cuentan sobre los pieles rojas es mentira; porque ellos siempre quedan como los «malos» y en definitiva, fueron los blancos quienes se metieron en sus tierras para hostigarlos...

¡Virgen santa, qué listo es este hombre! ¡Y qué capacidad la suya para la demagogia! Podría resultar un «líder» político fenomenal, podría arrastrar masas. Porque además, lo dice todo como funcionando dentro de una mística personal...

— Le digo una cosa —sigue—. Yo nunca robaría a otro «quinqui» ni le haría ningún daño. Nosotros, entre nosotros, nos respetamos totalmente y sólo nos convertimos en delincuentes cuando se trata de atacar a la sociedad de ustedes. Y si alguno de nosotros falta a esa norma de nuestra etnia, pues se le aplica nuestra justicia, a nuestro modo. Se le reprende y si insiste, se le dan unos palos y a veces, pues qué remedio, se va la mano... A mí me parece una justicia más lógica que la de ustedes...

Caramba, Eleuterio, me permitirá que no esté de acuerdo...

— Cuando a mí me juzgaron por lo de la joyería y oía al Fiscal, que hablaba muy bien y se refería al «Tempranillo» y todos ésos, que yo sólo conocía de leyendas, porque entonces aún no sabía leer, estaba asombrado. Y después, pidió la pena de muerte, oiga...

Es que en ese atraco mataron a un hombre, a un viejo guarda.

— Pero lo de la joyería estaba pensado muy bien; total, era romper el cristal del escaparate, a una hora que habíamos buscado, las tres y cuarto de la tarde, cuando no había nadie en la calle. Tenía que haber salido fácil; llenarnos los bolsillos de cosas y, ¡hale!, a casa. Pero dio la mala pata de que estaba allí el guarda y se nos vino encima y con los nervios, la mala pata también de que se disparó aquella pistola y le dio en la cabeza... Pudo darle en la pierna y no hubiese pasado nada...

Ni una vez había sonreído todavía Eleuterio. Y sin embargo, estaba cordial y afable. Desechado el intento de convencerle para que aceptase autorizar el rodaje de la película («Mi gente no me perdonaría —y haría bien— que yo admitiera esa versión de los "quinquis"»), no quise perder la ocasión de conocer un poco más al personaje. Merecía la pena, ciertamente.

¿Conoce un libro publicado por Planeta con el título La España de los quinquis?

— Sí, claro. Incurre en esos mismos errores de enfoque del problema... Nosotros somos nómadas hace siglos y llegábamos a las ciudades y nos instalábamos en su periferia una temporada. Pero ahora, las ciudades crecen muy deprisa y nos van echando y tenemos que habitar en unas chabolas infectas. Y los críos crecen sin escuelas...

Pero no van a la escuela, ¿por que no pueden o por que no quieren?

— De todo hay. Lo indiscutible es que la sociedad de ustedes nos margina. Todo esto lo contaré en un libro que estoy escribiendo. Serán tres tomos muy gordos; el primero se refiere a mi infancia. Luego hay otro con el juicio y con la primera huida. Y el último llega hasta hoy. Ya tengo editor; un alemán.

Al escribir ese libro, ¿le ha inspirado el ejemplo de Papillón?

— No, no; nada. Papillón pasó sus últimos años millonario, viviendo en sitios de lujo y alternando con la aristocracia. Pero, ¿a cambio de cuántas renunciaciones?

¿Es que a usted no le apetecería la vida burguesa, no se imagina a sí mismo en zapatillas, viendo la televisión en familia?

—Eso no me apetece nada. Eso sería, también, traicionar a los míos, porque los «quinquis» no somos así. Lo nuestro está por los caminos...

Me ofrece un cigarro. Fuma «Celtas» sin filtro. Continúa serio, como distante. Pero insisto: cordial. Creo forzoso aclararle que quizás publique esta conversación.

—Yo estoy bastante disgustado con lo que suelen escribir sobre mí; siempre tergiversan las cosas y presentan una imagen mía que no tiene que ver con la realidad.

Voy a procurar que a mí no me ocurra eso. Eleuterio, ¿le gusta el flamenco?

—No, no me gusta. Ese era otro de los errores del guión; me hacían intervenir en una fiesta flamenca. A mí lo que me gusta es la música clásica. Tampoco me gustan los toros ni el futbol. Ni, en general, me importa demasiado la televisión.

¿Y las mujeres?

—Hombre, pues claro que sí.

¡Y al fin, se ha sonreído! Aprovecho para decirle que él también gusta a las mujeres; que suelen decir que, físicamente, está muy bien. No comenta nada; tan sólo hace un gesto apenas perceptible, como de indiferencia.

¿Es usted religioso?

—No, no señor.

¿Y cree en Dios?

—Le explicaré. Me he armado un lío. Si Dios, como dicen, es bueno y quiere a sus hijos, ¿por qué nos deja que seamos desdichados y nos hagamos delincuentes?

Eso está explicado hace siglos por los teólogos. En el libre albedrío reside el mérito del hombre para salvar su alma.

— Ya, ya. Pero le digo que yo no lo entiendo.

Ahora soy yo quien le ofrece un cigarro, también negro. Reconoce Eleuterio que fuma mucho. ¡Toma, y yo!

Sinceramente, ¿se considera usted un delincuente?

— Sí, claro. Pero lo que me enfada es que casi nadie se preocupa de estudiar el fenómeno de la delincuencia, el contorno social que nos rodea, el porqué de esa delincuencia. Casi todos empezamos con un robo de nada y luego ya viene todo rodado y seguimos y cuando nos cogen, pues se juntan todas esas cosillas, que en sí mismas son pequeñas pero que, con la reincidencia y todo eso, se meten en veinte años de presidio.

Y encima, usted se escapa dos veces. ¿No pensaba que acabarían cogiéndole?

— Le digo a usted que si hubiera seguido solo, puede que aún estuviese por ahí fuera. Pero, claro, la mujer se vino conmigo y luego, estaban los chicos... Pero si no es por la familia, a mí no me cogen, que bien que me pasé dos años largos sin que dieran conmigo.

Lo dice convencido. Todo lo dice muy convencido este hombre de treinta y tres años, cuyo futuro —por el momento— no se adivina más que entre los muros de una prisión.

— Según decía la comunicación cuando me conmutaron la pena de muerte, a mí no me pueden alcanzar nunca ni los indultos ni las amnistías. Pero en fin...

¿Le satisface esa cierta popularidad que usted ha tenido?

—No del todo, porque la gente no me conoce en mi verdadera forma de ser. Por ahí fuera circula una imagen mía que no tiene que ver con la auténtica.

Si me permite, le diré que yo pienso ahora que tampoco es usted como se está manifestando en esta conversación... Que no es, ni de mucho, tan racionalista, tan grave y tan moralizante como pretende aparentar conmigo. Que se trata de una versión «oficial» que quiere usted dar de sí mismo; pero que, en su intimidad, debe ser más impulsivo, más vital, más cachondo, vamos...

Segunda sonrisa de la mañana.

—A lo mejor. Pero esto es duro y aquí se cambia mucho...

Me lleva mi sentido profesional a efectuar un último ataque en lo del contrato. No hay manera. Eleuterio no quiere saber nada de la película y hasta desprecia cifras importantes. Llevamos cerca de dos horas charlando; realmente, yo seguiría. Pero, como es lógico, no puede ser.

¿Quiere usted algo, Eleuterio?

Y sorprendentemente, ahora sonríe de manera total, franca y me dice, a guisa de despedida:

—Pues sí: salude con mucho cariño a todas las chicas guapas que le pregunten por mí...

Se cierra la puerta de acero. Allá dentro queda (¿para siempre?) Eleuterio Sánchez, más conocido por «El Lute», un delincuente indiscutible, un hombre curioso. Muy curioso. Uno de los hombres que más pueden haberme impresionado, a lo largo de tantos años conociendo gente de la más diversa y sugestiva condición. Le digo esta impresión mía al director del centro; coincide en que se trata de una persona de extraña sicología, cuya inteligencia natural le ha permitido montar ese esquema de la «etnia» y los problemas de su «raza», como mejor justificación de sus delitos.

La Guardia Civil monta guardia en la puerta. En la plazuela, juegan los niños y vuelan los pájaros. Hace un sol radiante y los campos verdes están llenos de vida. Carretera arriba, hacia el aeropuerto, yo siento también unos especiales deseos de vivir...

* * *

A los pocos días de regresar a Madrid, resumí en unas cuartillas mi conversación con Eleuterio y se las envié a Cartagena, pidiéndole su conformidad o reparos a mi versión sobre sus palabras. Tardó más de dos semanas en contestarme; lo hizo en una carta larga, sin una sola falta de ortografía, escrita en una letra firme y segura, que sin necesidad de ser grafólogo, confirma un carácter decidido y tenaz. Me decía que no acababa de llenarle mi interpretación de sus ideas; no me extrañó en absoluto, porque si las «estrellas» de cine suelen rectificar tantas veces lo que de verdad han dicho, ¿cómo no iba este hombre a pretender precisar más exactamente sus ideas, al saber que iban a publicarse? Tanto, que me pedía que le enviara un cuestionario, para contestarlo por escrito. Y yo lo hice, ¿por qué no?

Pero esta vez no pareció ya oportuno a la Administración que «El Lute» siguiera haciendo declaraciones. De todos modos, las que quedan recogidas doy fe, honesta, absolutamente, de que responden sustancialmente a cuanto él me dijo. Tengo la certeza de que Eleuterio sabe también que es así.

MIGUEL A. ASTURIAS

Lo primero que hice al saber que me habían concedido el Nobel fue comunicárselo a mis hijos.

Creo que Alberti o Neruda pueden hoy aspirar al premio.

La Real Academia Española debía incorporar muchas más palabras nuevas al Diccionario.

La literatura hispanoamericana siempre ha sido política.

Miguel Angel Asturias, el escritor guatemalteco que fue galardonado con el Premio «Nobel» de Literatura y con el «Lenin» de la paz, es grandote, fuerte y afable. Físicamente —aunque no puede decirse que se le parezca—, a mí me recuerda mucho a Santiago Bernabeu, el Presidente del Real Madrid. Asturias es conversador amenísimo y gran andarín; conserva destacados rasgos que denotan su ascendencia india y no disimula su afición a la buena mesa y a los buenos vinos. Cuando uno llega a tratarle con cierta asiduidad se siente atraído por una simpatía indudable, aunque comprenda que existen claras distancias ideológicas con él.

Hablamos al mediodía, vestidos los dos con el desaliño que ahora se permite (gracias a Dios) en períodos calurosos. Empiezo preguntándole algo tan curiosamente humano como qué fue lo primero que hizo inmediatamente después de enterarse de que le habían concedido el «Nobel». Asturias tiene que pensar unos segundos.

— Pues sería... —y hace una nueva pausa—. Sí, ya recuerdo. Comunicar la noticia a mis hijos, a Méjico y a Buenos Aires, donde residen, e invitarles a que viniesen a Estocolmo conmigo, a la ceremonia de la entrega.

¿Y en qué circunstancias recibió la gran noticia? ¿Quién se la dio, dónde, cómo?

— La noticia, oficialmente, me la dio el Encargado de Negocios de Suecia en Francia, el 19 de Octubre, justamente el día en que yo cumplía sesenta y ocho años. Pero ya la víspera habían empezado a llegar periodistas a mi residencia de París (es decir, a la Embajada), que querían hacerme interviús aún antes de que fuese confirmada la noticia, para «pisársela» los unos a los otros. Yo me negué a todos ellos, puesto que nada sabía aún e incluso pensé que podía resultar de mal agüero aceptar la posibilidad del «Nobel» como una certeza. A las siete de la mañana del día 19, me vinieron a ver los equipos de televisión francesa, empeñados en grabar ya un reportaje. Poco después llegaron los de la TV. sueca, que me aseguraron que tenía un 99 por ciento de probabilidades de ganar el «Nobel», pero que en aquellos momentos aún no era definitivo. Mi mujer llamó mientras a Estocolmo, donde teníamos unos buenos amigos, que tampoco pudieron darle seguridades totales. Con todo esto, puede imaginarse que yo tenía los nervios destrozados y que no descansé hasta recibir la comunicación en forma.

¿Considera que, actualmente, existe algún autor de habla castellana con posibilidades inmediatas de ganar el «Nobel»?

— Desde luego. Como poetas, por ejemplo, Rafael Alberti o Pablo Neruda, lo merecen sin discusión.

¿Qué novelistas españoles de hoy le interesan más?

— Juan Goytisolo, porque tiene un sentido muy actual en sus obras; José María Gironella, que representa el tipo de autor de novelas-ríos muy brillantemente; Camilo José Cela, si bien últimamente parece haberse alejado un tanto de la novela, en sentido estricto; Sánchez Ferlosio, Aldecoa...

Como es notorio, Miguel Angel Asturias puede ser estimado como un gran renovador del idioma español, al que aportó numerosos modismos y giros peculiares de Hispanoamérica.

¿Le parece que la Real Academia Española de la Lengua está al día en esta tarea de innovar el lenguaje?

—A mi juicio, creo que debería incorporar muchas más palabras nuevas al Diccionario, ya que es fácil comprobar cómo los diccionarios ingleses, por ejemplo, recogen verdaderos mares de palabras, mientras que los españoles sólo abarcan límites pequeños en el gran océano del idioma español, que hablan 350 millones de personas en el mundo. Habrá que recordar a Darío: «De las Academias, líbranos, Señor...»

No parece usted muy partidario de la docta casa...

—No es eso. Más bien se trata de que pienso que debemos exigirle mucho más. La acción de la Academia en esta materia evitaría que se cometiesen atentados contra el castellano tales como el famoso invento del «español inglesado» que usan en Nueva York, con traducciones pintorescas que han llegado, incluso, a popularizarse en España. Así, «combinado» por «cock-tail», cuando debía decirse, si acaso, «mezcla».

En este momento no recuerdo si «combinado» es palabra aceptada por la Real Academia en la acepción de «cock-tail». Pero me parece que sí. De todas formas (y con muchísimo respeto sea dicho), el ejemplo de Miguel Angel Asturias no acaba de convencerme. Me marcho a otros terrenos en el amplio ruedo del reportaje.

¿Cuáles considera que son las diferencias, de forma y de fondo, que existen entre la novelística del XIX y la actual?

—Muchas y muy importantes. Cada vez es más difícil para un espíritu contemporáneo leer a unos novelistas que tomaban a sus personajes, presentaban su nacimiento y seguían toda su vida, hasta enterrarlos. Hoy el novelista, en vez de construir el personaje, lo destruye. Y es el lector quien ha de reconstruirlo, personificando sus estados de conciencia.

Asturias es escritor fundamentalmente político. Así se lo digo y me responde:

Miguel Angel Asturias y su libro más conocido: «El señor presidente».

Asturias recibiendo el cheque que materializa en coronas la gloria del «Nobel».

—La literatura hispanoamericana siempre ha sido política, porque entre nosotros la gran literatura nunca fue de complacencia, sino de combate. Todos nuestros escritores fueron combatientes y políticos y de ahí que nos caracterice una línea literaria de testimonio o protesta.

¿Sería viable la creación de una Academia de la Lengua a nivel supranacional, en la que estuvieran representadas las Academias de todos los países de habla castellana?

—Ese es el gran sueño de siempre. Donde más prosperó la idea fue en Colombia; allí, la Academia Cuervo representa muy honrosamente nuestro idioma en toda América. ¡Claro que sería interesantísimo! Y creo que, a la larga, llegaremos a conseguirlo, porque es indispensable. Y la función, es sabido, crea el órgano.

¿Por qué no existe un suficiente intercambio literario entre España y los países hispanoamericanos?

—La causa fundamental puede haber sido que, al acabar la guerra civil española y comenzar en seguida la Guerra Mundial, se cortó la corriente editorial que existía entre España y los países americanos de habla castellana; porque el libro español, hasta entonces, cubría todo el continente.

Al paralizarse la actividad exportadora de libros españoles, se crearon las grandes editoriales de Buenos Aires y Méjico, que asumieron esa labor de abastecimiento del mercado hispanoamericano, sustituyendo a aquéllos. Por otra parte, los libros hispanoamericanos tampoco entran con facilidad en España, donde circulan poco.

Observo (y me satisface) que Asturias utiliza siempre el vocablo «hispanoamericano», en lugar del tan preferido por algunos de «latinoamericano». Se lo destaco.

—En realidad, pueden usarse tres términos. Uno, «indoamericano», para referirse a Méjico, Perú, Bolivia, Ecuador, países donde más de la mitad de la población es india. Otro, «hispanoamericano» o «iberoamericano», en cuanto al bloque de países que proceden de la colonización española. Finalmente, «latinoaméricano», para abarcar también a Brasil y Haití. Ya sé que los españoles rechazan este vocablo, porque supone en cierto modo aceptar una influencia francesa. Por lo demás, es indudable que esa influencia existe en el terreno ideológico.

Se acerca a nosotros Rafael de Penagos, nuestro gran poeta. Asturias suspende un momento su diálogo conmigo, para evocar con Penagos su común amistad con Alberti, de quien se cuentan recuerdos y sucedidos. Fumamos un cigarro negro, que nos ofrece Asturias. Aprovechamos la pausa para hacer las fotografías. Vuelta a la conversación.

¿Cómo construye sus novelas, cómo las escribe, materialmente hablando?

— La primera versión que hago es casi automática. La escribo procurando evitar el cuidado del pensamiento crítico, llevando al papel todo lo que me pasa por la cabeza. Después de haber hecho este mamotreto, lo guardo uno o dos meses; luego, lo releo. Hasta hace algún tiempo, lo pasaba nuevamente a limpio, con las correcciones y añadidos. Pero ahora, por comodidad, intercalo lo nuevo a base de tijeras y goma. Y al final de todo, lo paso definitivamente a limpio. Crear es un placer; lo incómodo y difícil es corregir, pulir, rematar la obra.

¿A qué hora escribe preferentemente?

— Sobre todo, a primera hora del día. Suelo levantarme a las seis de la mañana y ponerme a escribir entonces; luego, a las diez, lo dejo para incorporarme a mis actividades diplomáticas.

Estas actividades, ¿benefician o restringen su trabajo literario?

— Mi labor diplomática, como Embajador de mi país en Francia, es para mí un trabajo como cualquier otro. Yo nunca logré ser vago, que es un estado ideal. Primero trabajé como Profesor de Literatura en la Facultad de Derecho de Guatemala; a las diez estaba en mi cátedra. De entonces me viene la costumbre de levantarme a las seis, para escribir. Más tarde fui periodista y también trabajaba por la mañana temprano. Ahora sigo igual; escribo hasta las diez y a esa hora comienzo la tarea burocrática. En mi cerebro tengo como una llave; cierro lo literario, para convertirme en caballero de la orden de las oficinas...

Fue un año Presidente del Jurado en el Festival Internacional de Cine de San Sebastián.

¿Es el cine, realmente, un arte? ¿Posee una estética propia?

— Varias veces conversé sobre esto con Georges Sadoul, para quien, indudablemente, el cine era un arte que se proyectaba hacia el futuro, dadas las posibilidades de comunicación con la masa. Porque a los escritores se nos presenta este problema, que el cine ha resuelto: el de que nuestras obras sean vehículo entre el hombre y la multitud. Aspiramos a que las conozcan las masas; no a reducirnos al grupito de lectores que suelen tener los libros, aún los de más éxito. El cine ha sustituido la palabra por la imagen; de ahí que una buena película no se pueda contar. Y esas imágenes crean un mundo irreal, que es el del arte.

Sin embargo, se acusa siempre al cine de su lastre técnico, de su servidumbre mecánica...

— Esa servidumbre la tiene también, sin ir más lejos, el pintor. Lo grave del cine no es eso: es que hasta hoy, la industria estuvo siempre en manos de personas que buscaban el negocio y no la cultura.

Hablamos de Buñuel, a quien Asturias conoció en el París de los años veinte, cuando *El perro andaluz*.

—Nos hacía mucha ilusión tratar a aquel hombre sorprendente y como mágico. En todas las artes existe el mago y Buñuel lo es en el cine.

También conoce el «Nobel» la obra de algunos directores españoles recientes; me comenta la inquietud social de Bardem, el extraordinario film de Berlanga *El verdugo,* los horizontes que se abren ante Summers...

—Y me gustó muchísimo *El cochecito.* ¿Era española aquella película, verdad?

Sí, lo era. Aunque su realizador, Ferreri, es italiano. Pero aquí se hizo y aquí se cimentó su fama, hoy universal.

Otro tema predilecto de Miguel Angel Asturias: la paz.

—Siempre he defendido la necesidad de establecer diálogo entre los hombres y los pueblos. Recuerdo a Paul Valery, que me comentaba muchas veces el escándalo que supone que actualmente los periódicos nos informen con detalle de todos los adelantos que se van logrando en artefactos cuya única misión es destruir a la Humanidad. Esto nunca había existido; antes, se preparaban en el mayor secreto las pobres armas de la pólvora y la dinamita. Ahora, se hace propaganda de las mejoras en la capacidad catastrófica de la bomba atómica...

Llaman a Miguel Angel Asturias por conferencia, desde París. El «Nobel» de Literatura cierra la llave literaria de su cerebro y se transforma en «caballero de la orden de las oficinas». Nos despedimos.

—Quiero volver pronto a España. Me gusta mucho este país.

Vuelva usted cuanto antes. Y, por favor, procure conocernos bien... a todos...

CONCHITA MONTES

Creo que soy una actriz intelectual.

Aunque tampoco me molesta esa leyenda sobre mi elegancia y mis vestidos.

En el fondo, soy una persona con una inmensa soledad junto a mí.

Soy totalmente partidaria del divorcio.

LLUEVE intensamente, furiosamente, cuando voy hacia casa de Conchita Montes, en una de esas calles nuevas que han surgido junto al Estadio Bernabeu, en el Madrid ultimísimo de nuestros días. ¿Por qué encontraré normal que la tarde ande metida en agua, con el toque de nostalgia y tristeza que tienen siempre estos atardeceres tormentosos del otoño madrileño? Quizás porque en el cuarto piso de esta misma casa —Conchita vive en el primero— he pasado muchas horas inolvidables, disfrutando el regalo delicioso que era la conversación de Edgar Neville, aquel personaje increíble que se nos murió hace unos años.

Conchita ha encendido la chimenea y ofrece en seguida una copa, con esa distinción suya que, de puro auténtica, acaba pasando desapercibida. Lleva —parece inevitable decirlo, en este caso— un traje de tarde, color «beige», con la falda corta, aunque no cortísima. Un hermoso broche. Y su inseparable sortija con la inmensa, hermosísima perla oscura que es, creo yo, su joya predilecta. Me acuerdo de lo que escribió de ella el maestro González Ruano: «Conchita tiene algo de chico que se ha puesto el vestido de su hermana». Y aquello otro, de que «está entre el ofidio y el pájaro».

Ni que decir tiene que ha empezado a hablar en seguida. Y que pasan bastantes minutos hasta que consigo centrar el diálogo en lo que tiene que ser temario de nuestra conversación para el reportaje.

Conchita, en los tiempos inmediatamente anteriores a la guerra civil, tú eras una universitaria que traía revolucionados a los estudiantes de la Facultad de Derecho de Madrid, tan propensos siempre a otras revoluciones menos gratas. Eras nada más que Conchita Carro. Sacaste tu título de abogado, vino la guerra, y, apenas acabó, te viste convertida en la actriz Conchita Montes. ¿Qué notaste en tan brusco cambio de ambiente? ¿Qué te sorprendió más de ese sustancial viraje en tu vida?

Conchita fuma mucho. Conchita sonríe siempre. Conchita contesta:

— Bueno, digamos que yo irrumpí en el mundo del cine de una manera un poco intelectual, porque comencé colaborando con Edgar en el guión de *Frente de Madrid* que luego interpretaría también. Antes había escrito artículos, crítica de cine y una novela corta. De todos modos, cuando llegué a este mundo del espectáculo, noté cierta prevención en los, digamos, profesionales. No era muy frecuente entonces —mil novecientos treinta y nueve— el que los artistas tuviesen inquietudes intelectuales...

¿No había en ti precedentes artísticos? Es decir, eso que siempre se cuenta de que, siendo niña, habías salido en alguna función...

— Pues no. Bueno, estudiando la carrera me había hecho una prueba para el cine Perojo. Pero nada más.

¿Y no te extrañaba verte convertida, de pronto, en actriz?

— No, en absoluto. Pensaba que muchos actores cinematográficos habían comenzado así su carrera, elegidos para un personaje porque encajaban en él, que es lo que me pasaba a mí con el de *Frente de Madrid.* Fíjate que es curioso; cuando, años después, me dediqué al teatro, también debuté como primera actriz.

En ese debut tuyo en el cine, ¿qué te resultó más difícil?

—La verdad es que la primera película no me costó ningún trabajo hacerla. Tenía frescura, espontaneidad; me dejé ir tal como yo era. Ya te digo que el personaje estaba muy vinculado con mi auténtica personalidad. Creo que estuve bastante peor en la segunda película, porque ya no tenía esa espontaneidad y me faltaba, en cambio, la técnica de la actriz. La técnica es indispensable, en esta profesión como en todas y hay que ir adquiriéndola con estudio y con práctica.

Decíamos que eras una actriz intelectual, en un medio ambiente entonces poco propicio a las inquietudes de este tipo. ¿Te favoreció o te perjudicó tu preparación cultural?

—Evidentemente, tener una cultura, una preparación, siempre facilita las cosas, en cualquier actividad, ya que permite tener también una sensibilidad mucho más agudizada. Incluso, digamos, un barrendero con cultura, barrerá mejor que otro sin ella...

Pero ya sabes lo que se decía de los actores: que si Rosario Pino carecía por completo de conocimientos...

—Puede ser. Pero, evidentemente, era una gran intuitiva y una mujer de inteligencia natural extraordinaria. Por eso fue gran actriz.

De tus comienzos como actriz hasta hoy, ¿puede decirse que el nivel cultural medio del artista español ha sufrido un importante aumento?

—Debe decirse, más bien, que ha gozado de ese magnífico aumento. Y se ha producido una aportación de jóvenes universitarios a la profesión, con lo que ésta ha dejado de parecer aquello que muchos pensaban antes: que era una salida para lograr mayor libertad de vida y menor esfuerzo en el trabajo. Por lo demás, puede que tuvieran más razón que nosotros los viejos cómicos que pasaban su vida entre la pensión y el teatro. Hace unos días lo comentaba con Marsillach y Fernán-Gómez: ahora, con nuestras inquietudes, no nos queda tiempo para nada, si queremos ver las obras de los demás y las películas importantes y las exposiciones que merecen la pena, y leer algo, y además, ensayar y hacer dos funciones al día y, encima, preocuparnos de nuestros intereses particulares.

O sea que eres partidaria de la función diaria única...

—Ni que decir tiene. Además, me parece beneficiosa para todos. Y confío en que algún día ya cercano, todos los empresarios lo comprendan así. Lo difícil en España es acertar con la hora, por el descabellado régimen de vida que solemos llevar aquí.

Como es sabido, Conchita Montes ha firmado las adaptaciones de muchas comedias extranjeras. Sin embargo, nunca escribió ninguna obra original.

— Quizás porque no encontré todavía una idea que me apetezca totalmente. Pero también puede suceder que sea ahora cuando me encuentro más a tiempo de escribir algo enteramente original.

¿Qué comedia ajena te ha costado menos adaptar?

— No sé; quizás *Vida sentimental*. En cambio, tuve muchas dificultades para adaptar *La buena sopa,* de Marceau. Era preciso mantener su tono popular, a ratos ordinario, sin caer por ello en madrileñismos que hubiesen estado totalmente fuera de lugar...

Conchita Montes ha sido, desde sus principios, eso que el público burgués llama «una actriz elegante». Ha tenido —sigue teniendo y que sea por muchos años— un público adicto, de aristócratas y señoras «bien», que en los entreactos se hacen lenguas de sus modelos.

Pero a ti, en el fondo, ¿esto no te ofende un poco en tu lógico amor propio de actriz?

— No, no; en absoluto. Porque también he tenido éxito, sólo como actriz, cuando he salido mal vestida. Si acaso, esa especie de leyenda

Conchita Montes, una delicia de persona, en un gesto muy suyo.

¿Puede dudarse de la elegancia natural de Conchita Montes?

Conchita, con Edgar Neville: el hombre que la ayudó a subir.

sobre mi elegancia puede haberme perjudicado en el cine, donde siempre los papeles que me han dado fueron «de señorita», con la inevitable carga de sosería y hasta de cursilería que semejantes «señoritas» suelen llevar en la interpretación que se les da en los guiones.

Le comento que nunca he creído que una comedia pueda aguantar semanas y semanas sólo porque la protagonista saque unas hermosas «toilettes». Conchita está conmigo:

— En general, es evidente que el público va a ver al artista y no a sus modelos y que los éxitos se deben a los valores de la obra y no a los del vestuario. De todos modos, la verdad es que a mí en algunas ocasiones, bastantes gentes me han reprochado que no sacaba más que un traje en la comedia...

¿Definimos la elegancia en la mujer?

— Para mí, la elegancia femenina consiste en vestir en cada momento de acuerdo con las circunstancias de lugar y tiempo.

¿Qué te parece la moda que se lleva ahora?

— No me gusta nada. Pero me asusta pensar que estoy acostumbrando la vista a ella. Esta moda es bonita para las chicas muy jóvenes; pero como los modistos no viven de ellas, sino de las señoras, espero que pase pronto.

De pronto, Conchita se pone seria y dice:

— Oye y conste que no me tengo por una mujer excesivamente elegante...

Pero aquí importa la opinión ajena, que no concuerda en este caso con la suya. Claro que también para los que la conocen desde fuera, Conchita es mujer de intensa relación social, de brillantes recepciones, quizás de frívola actividad. Y a mí, en cambio, me parece sentimental, melancólica, introvertida...

—Tienes razón. Ten en cuenta que, en el fondo, soy una persona con una inmensa soledad junto a mí.

La soledad, ¿no puede ser también una ventaja?

—No me quejo de mi soledad, porque estoy habituada a ella. Pero nunca es una ventaja, sino un tremendo inconveniente...

Entonces, ¿te encuentras más a gusto en una reunión social que en la intimidad de tu hogar?

—No es eso, ni muchísimo menos. Te puedes encontrar también terriblemente sola en una reunión de muchas personas. De todas formas, mi soledad tiene la ventaja de estar poblada de maravillosos recuerdos. Y además, tengo amigos, muchos y muy buenos amigos, a los que puedo recurrir en un momento de angustia. Siempre he cultivado la amistad y eso me compensa de muchas tristezas.

El salón donde charlamos tiene una amplia librería que testimonia el buen criterio selectivo de la dueña de la casa. Hay muchas fotografías repartidas aquí y allá. Conchita, con Ortega y Gasset. Conchita, con Lawrence Oliver. Conchita, con la reina Victoria Eugenia. Conchita, con el doctor Marañón. Y, naturalmente, Conchita con Edgar Neville. Fotos, también, de distintas épocas de Edgar: ésa, tan difundida, en que aparece junto a «Charlot». Y luego, el Edgar de los años cuarenta. Y el del estreno de *El baile.* Y el de sus últimos años, que parece mentira que sea el mismo...

¿Cuál es tu mejor recuerdo de Edgar?

—Solamente las personas muy desgraciadas pueden recordar un solo momento feliz. ¡Tengo tantísimos recuerdos de Edgar! Fueron muchos años de felicidad, de gran compenetración...

Dime, entonces, cuál era su cualidad más acusada, entre las múltiples que constituían su prodigiosa personalidad.

— La ternura. Era asombrosa. Y su fidelidad; su fidelidad a los amigos y, por supuesto, al amor...

Perdóname, Conchita, pero al morir Edgar no estoy seguro de que muchos de los que escribieron sobre él hubiesen acabado de conocerle...

— Desde luego que no. Realmente, creo que aún no se le ha hecho la entera justicia que se merece.

¿Hasta qué punto influyó en ti?

— Imagínate: cuando le conocí, yo era menor de edad. Influyó en mí, aunque él decía siempre que encontraba el terreno muy bien abonado. Al pasar el tiempo, creo que yo también influí algo en él.

¿Hubieras llegado a ser actriz si Edgar no aparece en tu vida?

— Eso no lo sé. Al principio pensaba que no. Pero ahora creo que no es posible tener el amor que tengo a mi profesión si no llevase dentro, desde siempre, una inmensa vocación.

Digamos que él fue la ocasión, aunque no la causa...

Nos hemos puesto tristes. Hemos de ponernos forzosamente tristes recordando a Edgar, que jugaba al escondite con su tierno corazón, echando por delante una apariencia de escepticismo y hasta de cinismo que nada tenía que ver con la hermosa realidad de su auténtico ser. Cambio de tema.

Tú, Conchita, dilecta compañera en la carrera de las Leyes, ¿has lamentado alguna vez no ser abogado en ejercicio?

— Nunca. Durante muchos años tuve pesadillas por las noches; pensaba que tenía que examinarme de Derecho Procesal. Ahora he cambiado de tema; mis pesadillas consisten en creer que estoy de estreno.

¿Te asustan los estrenos?

— Los míos y los de los compañeros. Los estrenos son una barbaridad; algo así como si en un campeonato de natación echasen al agua a los nadadores con las manos atadas a la espalda. La obra se hace a medias con el público y hasta que no estás delante de él, no sabes cómo va a ir. En los estrenos, por esto mismo, sales enteramente a ciegas.

Sin embargo, no puedes quejarte de los críticos..

— Efectivamente. Siempre han sido cariñosos conmigo. Les estoy muy agradecida.

Has hecho televisión. ¿Crees en la antinomia cine-televisión o teatro-televisión?

— En la de cine-televisión, quizás. En la del teatro-televisión, no. Y no acabo de entender lo que quiere decir eso de que tal o cual cosa «no es televisiva». De todos modos, de los tres medios expresivos, creo indiscutible que el teatro tiene un rango superior a los otros dos. Recuerdo una anécdota que me parece muy definitiva a este respecto. El nieto de los condes de Yebes, siendo niño, me había visto en películas y vino una vez al teatro. Cuando le preguntaron dónde le gustaba más, dijo que en el teatro, «porque allí los señores están vivos».

Una vez más, la inocencia da en el clavo. ¿Qué otras cosas podría preguntarle a Conchita Montes, universitaria y actriz, artista y mujer de mundo? Ya está: sepamos su opinión sobre un tema jurídico y social que concita últimamente todas las discusiones. Hablemos del divorcio...

—Soy totalmente partidaria de él. Porque me parece que en la vida actual, en la que todo el mundo está en la calle, en la que la mayoría de la gente se halla sometida a un ritmo durísimo, no se puede soportar un matrimonio desgraciado. A los veintidós o veinticuatro años, que es cuando muchos se casan, no puede saberse exactamente lo que se quiere. Y es terrible no poder enmendar nunca aquella equivocación. Conste que no lo digo porque haya tenido alguna vez deseos de casarme. Por mi respeto a las conveniencias, conservé siempre una línea de conducta, con todos sus inconvenientes y sin ninguna de sus ventajas. Pero, de verdad, el problema está ahí, vivo y tengo la seguridad de que habrá de resolverse.

Terminemos, Conchita: en los muchos años que, a Dios gracias, aún te quedan de vida, ¿qué es lo que más te gustaría conseguir?

—No tengo ninguna apetencia especial. Me gustaría, sencillamente, poder seguir viviendo como vivo ahora.

Eso, en lo material. Pero ¿en lo espiritual?

—No sé. Estoy bastante desconcertada. Ignoro, en realidad, hasta lo que me apetece...

Sigue lloviendo fuera. También la calle está triste y un poco desconcertada cuando, Castellana arriba, dejo la casa de Conchita Montes.

IGNACIO AGUSTI

He perdido el entusiasmo juvenil y miro mi contorno social con ciertas prevenciones.

La guerra civil española fue como una segunda guerra púnica, como la última guerra romántica de la historia del mundo.

El personaje de Joaquín Rius es un símbolo; responde a un tipo catalán bastante auténtico.

Si cuando escribo no me divierto, pienso que mal podrán divertirse luego los lectores con lo que yo haya escrito.

HACÍA tiempo que no veía a Ignacio Agustí. Le encuentro más grueso, con su aspecto de siempre, de buen «payés» con el rostro surcado por profundas arrugas y la sonrisa zumbona, también característica de los catalanes de tierra adentro, que tienen su filosofía particular y no se sorprenden de nada. Empezamos hablando, como es natural, de literatura, de su literatura personal, de sus novelas. Y más concretamente, de *Mariona Rebull,* que fue el gran éxito editorial de los años cuarenta, cuando en este país la gente apenas compraba libros...

¿Y a qué atribuyes aquel éxito, Ignacio?

— Pues probablemente, al apoyo que mi novela tenía en una sociedad que acababa de derrumbarse, con la guerra civil. Quizás también a que volvía al viejo estilo de la novela tradicional...

Cuando escribiste Mariona, *¿pensabas en su continuidad, te habías planteado ya la conveniencia de que fuese la primera de una serie?*

— Yo escribí *Mariona* en Suiza, donde estaba de corresponsal de *La Vanguardia.* Hice seiscientas páginas, que comprendían *Mariona Rebull* y una segunda parte, que abarcaba hasta la postguerra, que era cuando yo estaba escribiendo. Se iba a llamar *La ceniza fue árbol,* como luego titulé a la serie. Podría decir que la digestión espiritual de todo aquello era, entonces, *Desiderio.* Pero dejé en el cajón la segunda parte más de un año y cuando volví a leerla, me encontré con que hacía falta justificar la trayectoria industrial y sentimental del protagonista; de Cataluña, en definitiva. Y me puse a escribir *El viudo Rius,* incluso antes de publicar *Mariona Rebull.*

Entre Mariona *y* Diecinueve de julio *han pasado veintitantos años. Tú, como autor, ¿has cambiado fundamentalmente en algo?*

— Creo que no. Quizás tenga más experiencia, más exigencia conmigo mismo, más timidez ante el papel en blanco. También, ¿por qué no decirlo?, más seguridad al escribir...

¿Como persona?

— Inevitablemente, soy más escéptico... Aunque quizás no sea esa la palabra exacta... He perdido el entusiasmo juvenil... Miro mi contorno social con ciertas prevenciones... Pero, a lo mejor, no soy yo quien ha cambiado, sino la circunstancia; no soy yo quien se ha rezagado, sino las cosas pasajeras las que se han modificado...

Estamos charlando en el despacho que Ignacio Agustí tiene en su empresa editorial. Hay fotos en la pared que son un poco historia del país y un mucho, historia suya: su despacho de director de «Destino», cuando fue invadido. Una comida con don Juan de Borbón, que está muy delgado, muy igual a su padre, el rey Alfonso. Y la casa solariega de los Agustí, llena de encanto, cargada de tradición y de nostalgia.

Hoy, un cuarto de siglo después, ¿escribirías igual Mariona Rebull?

— Sí, creo que sí.

Y en Diecinueve de julio *¿influyó la moda de las novelas sobre nuestra guerra civil?*

— En absoluto, porque el planteamiento es anterior a toda esta corriente hoy en boga. Lo que ocurre es que me he pasado veinte años para escribir la serie completa de *La ceniza fue árbol.* De no ser así, podría tenerme por un precursor del interés que nuestra guerra ha despertado en los novelistas.

Agustí hizo la guerra. Comentamos el fenómeno universal de esta guerra civil española, que sigue siendo tema predilecto de todos los escritores del mundo. Me dice que porque fue algo así como una segunda guerra púnica, como la última guerra romántica de la historia del mundo.

— Claro que cuando la hacíamos no nos dábamos cuenta de ésto...

Entre tu Diecinueve de julio *y otras novelas sobre la guerra, ¿qué diferencias podríamos encontrar?*

— Quizás que mi novela es más objetiva, porque en ella no tomo posición. Porque yo no he escrito un libro sobre la guerra civil sino la novela de una familia catalana a través de cien años, entre los que están los de la guerra. Por eso, el suceso histórico queda siempre en segundo plano. Y lo que sigue importando es el personaje del viudo Rius, un catalán indomable, un tipo humano, como los que había de verdad entonces.

O sea que Rius es un personaje real...

— No es que esté pensado concretamente sobre nadie. Más bien se trata de un símbolo, de un conjunto de personajes. Mi padre podría parecérsele un poco, aunque él no era industrial. Pero la forma de ser y de hacer, el carácter, pienso que responden a un tipo catalán bastante auténtico.

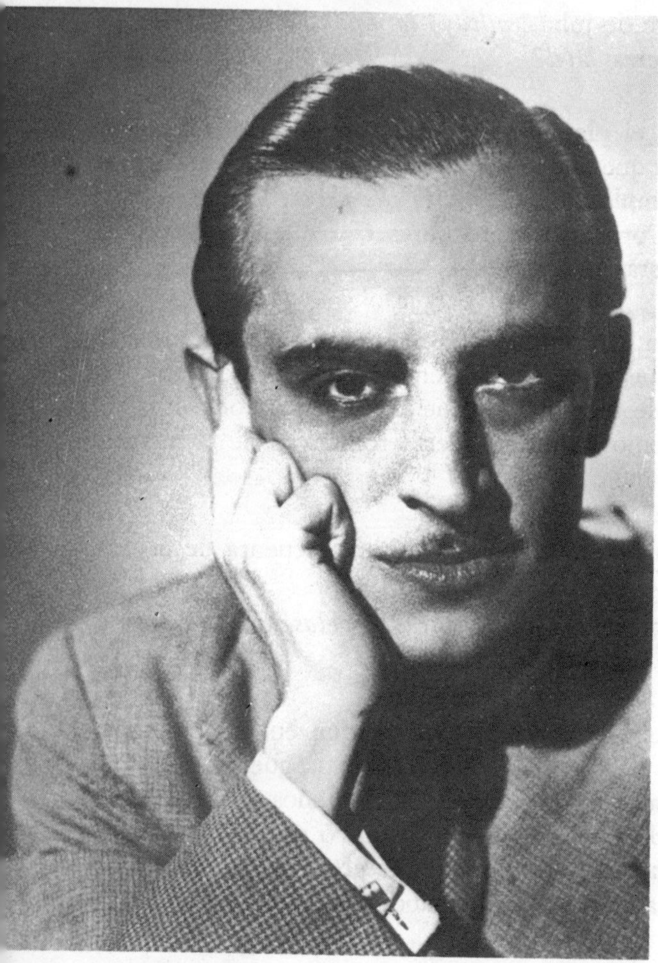

El Ignacio Agustí de 1942, cuando la primera edición de «Mariona Rebull».

Agustí sonríe frente a la fotografía de su «masía», de su caserón familiar y solariego.

Otra foto de juventud de Ignacio Agustí, en sus comienzos como escritor.

Se ha escrito que la novelística española vive una época de verdadero esplendor. ¿Qué opina de esto Ignacio Agustí? Oigámosle.

— Como bien sabes, fui uno de los promotores del Premio «Nadal», del que durante quince años he sido también Jurado. He leído, por esa razón, muchas novelas y estoy convencido de que, en gran parte, el auge actual del género se debe a la necesidad de explicar las formas de una sociedad y de una mentalidad nuevas, que surgieron después de nuestra guerra y también a la inflación del fenómeno narrativo, a causa de la proliferación de los premios literarios.

Entonces, ¿crees que influye en el buen momento de la novela española el hecho de que ahora se pueda ganar el millón de pesetas con un premio literario?

— Mira, el escritor auténtico no busca el millón, sino el eficaz vehículo de lanzamiento hacia la fama literaria que es el concurso. Ahí tienes el caso de Miguel Delibes; comenzó a escribir atraído por la convocatoria de un premio «Nadal», pero luego ha seguido porque lo llevaba dentro.

Se dice que en España, la gente lee poco. Y es verdad. ¿Estamos de acuerdo en esto?

— Claro que sí —dice Ignacio—. Y eso que ahora ya se lee algo más, en parte porque somos más españoles y, en parte, porque hay más dinero para comprar libros. También la juventud lee más que antes, no obstante el auge de otros medios de expresión. De todos modos, a nivel europeo, nuestras cifras siguen siendo bajas. De un premio «Goncourt» se editan 300.000 ejemplares; de un premio «Nadal», no llegan a 50.000.

Hablemos de la novelística del XIX. ¿Opinas que aún está vigente, crees que puede hoy interesar?

— Lo que creo es que no puede hablarse de la vigencia de una generación literaria, sino de la vigencia de algunos de sus nombres. De los escritores del XIX, por ejemplo, Galdós sigue actualísimo. Acabo de releer *Fortunata y Jacinta* y me ha parecido fenomenal y perfectamente encajada en nuestra actual mentalidad, en el mismo nivel supratemporal que pueda tener la obra de Tolstoi, de Balzac, de Dickens o de Dostoiewsky. Otros autores del mismo tiempo, en cambio, quedan ahora enteramente superados.

¿Se pueden ganar en España millones escribiendo novelas?

— Hay algunos novelistas que los han ganado. De los de antes, Blasco Ibáñez; de los de ahora, Gironella. Este, porque escribió la primera novela sobre la guerra hecha para otra clientela que la habitual, con lo que logró que la leyese todo el catolicismo disperso por el mundo, como una revancha de las novelas parciales —hacia el otro lado— que hasta entonces había tenido ocasión de conocer. Ese fue, creo, el motivo del éxito editorial de *Los cipreses creen en Dios* y sus continuaciones.

Se ha hablado últimamente de una «escuela catalana» de cine. ¿Cabe defender también la existencia de una «escuela catalana» en la literatura y, más concretamente, en la novela?

¿Qué te parece, Ignacio?

— Me parece que es posible hablar de unos novelistas que tienen Barcelona como fondo de sus obras, o al menos, como lugar de su acción: Romero, Ana María Matute, Salvador, Gironella, Carmen Kurtz, Mercedes Salisachs, yo mismo. Pero creo que no transcribimos más que circunstancialmente un ambiente barcelonés. Es decir, que con un rigor literario, no puede hablarse de nosotros como componentes de una escuela catalana de la novela.

Muchas veces he pensado la difícil mecánica que debe regir la construcción de una novela, la servidumbre técnica que lleva consigo escribir un libro. En el caso de Ignacio Agustí, ¿cuál será? ¿Cómo prepara sus novelas, qué técnica sigue para escribirlas?

— Primero hago un breve esquema inicial; luego escribo, modifico, introduzco tipos que van surgiendo sobre la marcha, con su vida propia. Y paro y vuelvo atrás; esos son los momentos difíciles, porque se desvía uno del camino que se había trazado y ha de volver a coger el hilo de la narración. En mí, el hecho de escribir es fluido; lo que me resulta más difícil es conseguir la estructura de la obra.

¿Tardas mucho en escribir una novela?

— *Mariona Rebull* la escribí en un mes. Claro que estaba en Suiza, como antes te dije, y allí me aburría mucho. Entonces, me impuse un plan de trabajo: diez folios diarios. Y en treinta días, hice los 300 folios de la novela. *El viudo Rius,* en cambio, me llevó año y medio. Con etapas de ocio, naturalmente. Quizás mi obra más significativa en este sentido sea *Desiderio.* La empecé al acabar *El viudo Rius,* estuve varios años entretenido, sin echarla a andar del todo. De pronto, en 1957, cogí los papeles dispersos y empecé de nuevo, para acabarla en dos meses escasos, aprovechando todo aquel caos de material.

Explícame, si es posible, tu secreto al escribir…

— Es bien sencillo. Si cuando escribo, no me divierto, pienso que difícilmente podrán luego divertirse los lectores con lo que yo he escrito. Creo que es ese el único control del escritor sobre lo que hace.

Desde el despacho de Ignacio Agustí se ve la barcelonesa calle de Aragón, liberada hace pocos años de su servidumbre ferroviaria, que la tiznó con humos durante tanto tiempo. Llueve y hay niebla; es éste un día clásicamente invernal. Quizás por eso andamos los dos un poco nostálgicos. Repaso otra vez las paredes de esta habitación; están llenas de pergaminos, de títulos de honor, de galardones. Me alegra que uno de ellos lo comparta Ignacio Agustí conmigo; es el valenciano «Bunyol d'or», título fallero cargado de casticismo.

Ignacio, ¿qué es un novelista?

— Un cronista de su tiempo... Un escritor que refleja la circunstancia del mundo en que se desenvuelve... Y que opera sobre elementos vivos, sobre personajes de carne y hueso, inmersos en una época determinada.

Luego de hablar con Ignacio Agustí, voy a almorzar a un restaurante típico de Barcelona. En la mesa de al lado, unos fabricantes hablan de sus problemas económicos, de sus problemas sociales, de sus problemas humanos. Me parece que estoy oyendo hablar a Joaquín Rius, marido que fue de «Mariona Rebull»...

OTTO SKORZENY

El almirante Canaris fue un traidor.

Yo personalmente tracé todo el plan
para la liberación de Mussolini.

Todo hombre inteligente debe pasar muchos momentos
de miedo durante una guerra.

Es una tontería esta moda de ahora,
de presentar a Hitler como un monstruo.

La idea política de Hitler respecto a Europa
era la misma de Napoleón.

ESTE gigante que tengo frente a mí, con el rostro surcado por cicatrices profundas, con el brazo derecho descoyuntado, de dulces ojos azules y mirada sorprendida, fue protagonista del más hermoso y romántico sucedido de la II Guerra Mundial: la liberación de Benito Mussolini, a quien literalmente arrancó de las cimas del Gran Sasso, en una acción que todavía hoy nos parece increíble. Otto Skorzeny ganó así su paso a la posteridad.

A los veintiocho años de aquel día, ¿qué momento recuerda más fielmente?

— Me recuerdo casi de todo, porque siempre vendrá gente como usted y me pregunta y yo les digo primeramente que lean mi libro y que siete semanas de plena actividad no se pueden contar en unas páginas ni casi explicar en un libro y que todo lo recuerdo por igual.

(Skorzeny utiliza ese castellano singular de tantos centroeuropeos, que al cabo de años de vivir entre nosotros continúan sin aplicar los verbos en su tiempo debido. Es gracioso también su acento. Procuraré respetar al transcribir sus respuestas la máxima fidelidad a la construcción original).

El plan de la liberación de Mussolini, ¿fue suyo?

— Fue mío. Hicimos lo único que cabía, al no existir otro posibilidad. Antes, cuando estaba Mussolini preso en la isla de Santa Magdalena, teníamos ensayado un rescate con lanchas rápidas; pero en el Gran Sasso no hay carretera, solamente un funicular de montaña. La solución única era llegar arriba (más de tres mil metros) descendiendo en paracaídas o planeadores. Paracaídas era peor, por la mayor velocidad de caída a esas alturas. Ahora podríamos haber ido en helicóptero; pero entonces no teníamos.

Durante la operación, ¿pasó miedo en algún momento?

— ¡Oh, sí, mi querido amigo, naturalmente! Creo que cada hombre inteligente debe pasar muchos momentos de miedo en la guerra, porque de lo contrario no es inteligente. Lo que hay que hacer es superar ese miedo en el momento justo. Creo que aquel día, yo y todos mis hombres pasamos el mismo miedo; pero lo superamos.

(Lo ha dicho con absoluta sencillez, con admirable humildad. Interrumpo un momento las preguntas, porque le llaman por teléfono desde Elgoibar. Cuestión de negocios; de los negocios a los que ahora se dedica el Coronel Skorzeny. Que, por cierto, se enfada bastante con la telefonista, que no acaba de entenderle. Repaso las paredes de esta oficina suya, fría y nada acogedora, sin un solo detalle que la haga grata. Una fotografía dedicada de Muñoz Grandes, en uniforme de la «Wehrmacht», pasando revista a los soldados de la División Azul. Un retrato también dedicado del General Perón. Mapas de Asia y Africa, a gran tamaño. Un curioso rabo de búfalo, no se si algo embrujado, que me cuenta que fue regalo del Jefe de una tribu de Katanga. Seguimos la charla.)

¿Cuáles fueron las primeras palabras que le dijo Mussolini, al ser liberado?

— «Sabía que mi buen amigo Adolfo Hitler no me olvidaría y enviaría a salvarme».

En las fotos de aquel día, en el reportaje filmado que existe, aparece el Duce físicamente destrozado. ¿Daba esa misma impresión al natural?

—Bueno, luego de siete semanas desagradables, como prisionero, era lógico que tuviera mal aspecto. Además, su cabeza rapada al cero, que normalmente se arreglaba a diario, estaba descuidada. Tampoco iba afeitado.

Antes de aquello, ¿conocía usted al «Duce»?

—No. Personalmente, no.

¿Qué impresión humana le produjo?

—Le voy a decir una cosa. Arriba, en el hotel, en el momento de liberarle, no tuve tiempo de pararme a considerar nada, porque lo urgente era preparar el regreso, dar órdenes a mi gente... Comencé a impresionarme con Mussolini cuando le indiqué que era preciso despegar en aquel pequeño avión, que él —como buen piloto— sabía que apenas servía para dos personas (y teníamos que ocuparlo tres) y en el que existía un noventa por ciento de probabilidades de estrellarnos y me contestó: «Soy a sus órdenes». Aceptó el peligro valientemente, sin ningún reparo. A los pocos minutos de despegar, cuando el piloto logró eludir el riesgo del descenso casi en vertical y ya sabíamos que habíamos salvado nuestras vidas, el «Duce», sin el menor comentario sobre lo que había ocurrido, me estuvo enseñando el paisaje que sobrevolábamos y haciendo comentarios acerca de los pueblos: «Ahí, hace años, me hicieron un colosal recibimiento cuando vine a pronunciar un discurso... En ese otro valle presidí unas grandes maniobras militares...»

O sea que Mussolini estaba, aún entonces, obsesionado por la política, por su función de jefe...

—Eso es. Me llamaron la atención sus excelentes nervios. Pude hablar mucho más con él al día siguiente, cuando volamos de Roma a Viena, donde le esperaba Hitler. Durante más de media hora me estuvo hablando del que creía su gran error político: haber mantenido en el trono de Italia a Víctor Manuel, haciéndole incluso Empe-

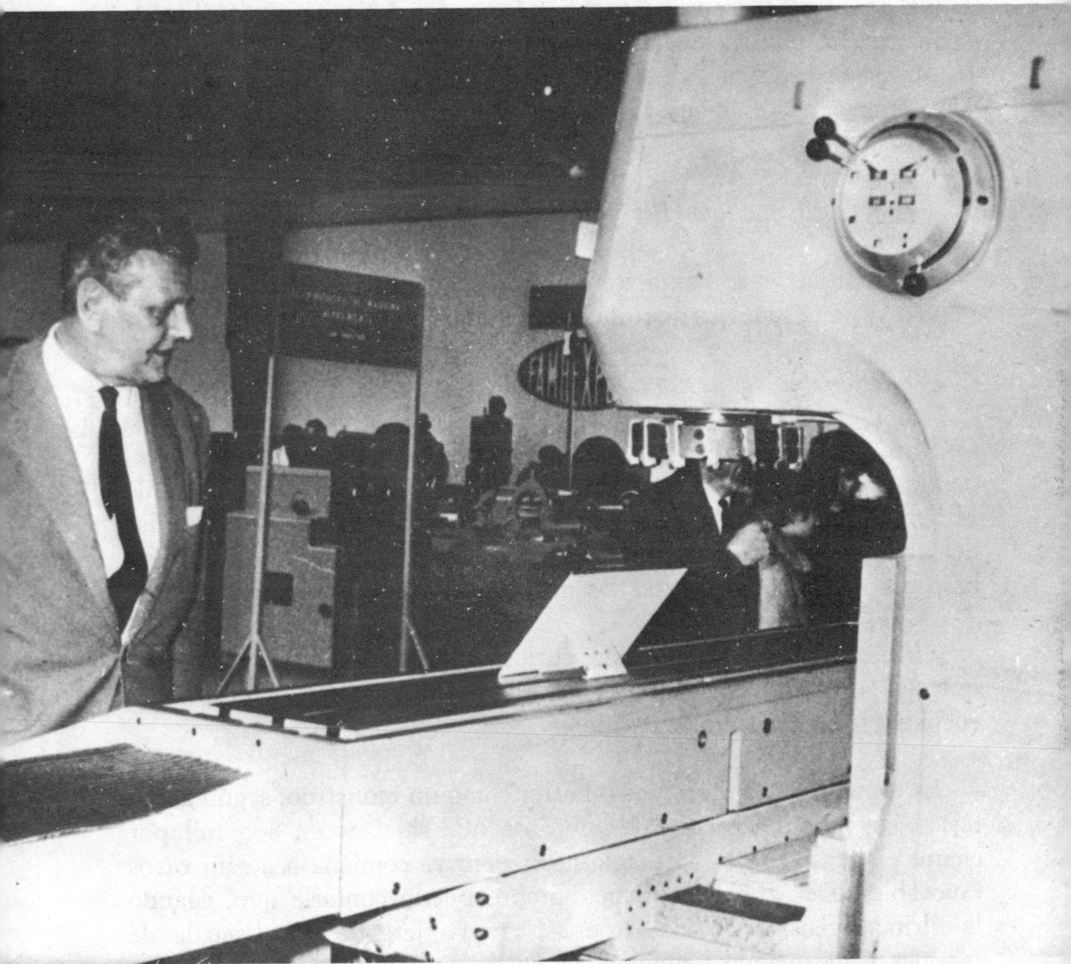

El Skorzeny industrial, exiliado en España, fiel a sus recuerdos y a sus lealtades.

Otto Skorzeny, Coronel de las S. S., durante la segunda guerra mundial.

rador de Etiopía. Pensaba entonces que debió configurar el Estado como una República Social: esas ideas las realizó poco después, en la última fase de su gobierno. Pero ya era tarde, desgraciadamente. De veras que aún mantengo gran impresión de Mussolini y de su entereza.

¿Trató mucho a Hitler?

— Sí, a Hitler ya le había tratado personalmente antes de aquello y volví a verle después en distintas ocasiones.

Hábleme del «Führer» como persona.

— Mire, será preciso en el futuro, cuando las pasiones se aquieten, descubrir a las generaciones de mañana la verdadera humanidad de Hitler. Ahora parece que las izquierdas tienen derecho a todo y las derechas a nada. En la naturaleza ya hay derechas e izquierdas y también en política debían estar las dos, juntas y equilibradas...

(Me sorprende mucho esta curiosa digresión de Skorzeny para quien el «Führer» era, según se ve, hombre de derechas. Continúo escuchándole con la mayor atención).

— Es tontería lo de presentar a Hitler como un monstruo, según ahora hacen siempre. Claro que los escritos que se conocen son mil por ciento en contra de la Alemania nazi; pero ya comienzan a salir otros favorables. Del «Führer» como hombre puedo contarle que, cuando la última ofensiva de las Ardenas, era yo jefe de una brigada de tanques y me mandó llamar el 31 de diciembre. Entonces yo estaba con un ojo malo, a consecuencia de una herida. Hitler me ve el vendaje, me pregunta lo que me pasa y antes de seguir hablando, da orden para que me reconozcan sus médicos particulares. Me operaron a las pocas horas y solamente cuando ya estaba dado de alta, volví para despachar con el «Führer» sobre lo que a él le interesaba saber de mí. Gracias a aquello salvé la vista. ¿No le parece un detalle de humanidad?

Evidentemente. Oiga, Skornezy, creo que fue Churchill quien dijo que la gran suerte de los aliados en esa guerra había sido que el ejército alemán estaba mandado por un cabo...

—No conozco esa frase. Y me extraña. Al contrario; conozco otra frase de Churchill, en los Comunes, cuando la depresión económica británica, en la que dijo que necesitarían un Hitler para salvar a Inglaterra...

Aparte la exactitud de la frase, ¿considera que el «Führer» tenía talento militar y conocimientos bastantes para dirigir las operaciones?

—No las dirigía él; para eso estaba el Estado Mayor. Pero, esto es verdad, dio unas ideas básicas a sus generales y casi siempre tuvo razón con ellas. En 1939, al empezar la guerra, la idea de usar los tanques masivamente, como fuerza de ruptura y penetración, fundamental para conseguir la «blitz-krieg», la guerra relámpago, fue del «Führer» y el Estado Mayor se opuso al principio a ella, reconociendo después que era un acierto, gracias al cual se dominaron en unas semanas Polonia, Holanda, Bélgica y Francia.

Sin duda habrá pensado mucho sobre cuál fue el gran error militar de Alemania en la II Guerra Mundial...

—¡Oh, hubo muchos errores, mi querido amigo! Pero primeramente quisiera decirle que yo no soy un historiador de Adolfo Hitler, pero tengo que recordar que a un hombre como Napoleón, en los treinta años siguientes a su muerte, se le tuvo por el diablo en persona y ahora, cuando ha pasado más de siglo y medio, se reconoce su genio y se dice que, en todo caso, resultó prematuro para su tiempo, prematuro para sus ideas. La idea básica de Napoleón fue lograr una Europa unida, una sola Europa; bueno, pues también esa era la idea de Hitler. Como había dos grandes bloques, Rusia y Estados Unidos, quería lograr un tercer bloque de compensación, que hubiera sido Europa.

La idea política del «Führer» también fue prematura; pero ¿acaso ahora no vuelve a orientarse el mundo occidental en ese sentido?

Es interesante su opinión, Otto, si bien se presta a largas consideraciones esa visión de la «unidad europea» a través de Hitler. Insisto en preguntarle por los errores alemanes en la Guerra Mundial...

— Naturalmente, errores grandísimos los había por las dos partes. Pero puedo decirle que muchos de los que se han atribuido a Hitler no fueron suyos. Por ejemplo, Stalingrado. Siempre se dice que la culpa del desastre fue del «Führer»; yo puedo asegurar —lo conozco de forma inmediata, por intervención personal— que la culpa fue de Goering. El ha prometido que podía enviar a toda su aviación en ayuda de los sitados de Von Paulus y no podía. Entonces, ¿no fue suya la culpa? Hombre, lo que desde luego constituyó un error histórico fue no invadir Inglaterra. Todo lo teníamos preparado; en Holanda hacíamos ejercicios de desembarco, teníamos planos de la costa británica con todo detalle y Jodl y Keitel habían previsto la operación minuciosamente. Pero Canaris dio una información falsa; dijo que había siete u ocho divisiones inglesas preparadas para defender la isla y que en dos meses iban a formarse varias más. Esto no era verdad; se ha sabido que, luego de Dunkerque, el ejército británico estaba materialmente deshecho.

Skorzeny hace una pausa. Con ella, su afirmación siguiente sale más rotunda, más definitiva. Esta:

— El Almirante Canaris fue un traidor.

¿Cómo dice?

— Sí, un traidor. No quería que se hiciera el desembarco y por eso dio una información falsa al «Führer» y al Estado Mayor. No fue esa, tampoco, su única traición a lo largo de la guerra. Claro que es difícil decir en una conversación todo lo referente a los grandes culpables de nuestra derrota. Para eso se deben escribir libros...

¿Cuándo escribe otros?

— Cuando tenga tiempo. Me proponen que debo escribir, me dan muchos títulos; también yo quiero hacer algo importante sobre las personalidades políticas y militares que he conocido y que he tratado... Pero no tengo tiempo...

O sea que actualmente, se dedica sólo a los negocios...

— A los negocios, sí; industria pesada.

Y un hombre fundamentalmente militar, como usted, ¿no se aburre en esta vida de negocios?

— Lo primero, mi querido amigo, yo no soy un hombre fundamentalmente militar. Mi profesión es la de Ingeniero Diplomado Industrial. Al comenzar la guerra, en 1939, me incorporé como voluntario a las fuerzas aéreas, con mi grado de oficial de la reserva. Los cinco años de la guerra fueron la interrupción de mi vida normal, a la que volví después. Eso es todo.

Llaman a la puerta. La secretaria de Skorzeny se ha marchado (como buena germánica, a la una en punto de la tarde) y el propio Otto abre. Es la factura del seguro de su automóvil; extiende un talón bancario para pagarla. Durante la interrupción se me ocurre preguntarle a Skornezy sobre la aventura lunar.

— Sin duda, los alemanes ya hubieran llegado antes que los americanos, de no haber sido por la guerra —me dice—. Teníamos el V-1, el V-2 y los planos acabados hasta el V-10. Era ya como los cohetes «Saturno» de hoy. Los americanos han perdido algún tiempo porque les faltaba el equipo químico. Curiosamente, los rusos lo tenían superior (se llevaron muchos químicos alemanes) y por eso fueron por delante bastantes años. En los primeros cohetes, la URSS pudo lanzar pesos muy superiores a los americanos, precisamente por dominar mejor los aspectos químicos.

Otto Skorzeny, gran personaje, especie de invencible mosquetero del siglo XX, moralista (me ha hablado, con irritado énfasis, sobre la degradación del mundo de hoy, sobre la subversión de valores en la sociedad actual), fiel a su ideario político de juventud, fidelísimo a la memoria de quien fue su jefe («¿Usted cree que todo un pueblo, incluidos sus hombres más inteligentes, más cultos, puede dejarse arrastrar por un loco o por un monstruo? No, no. Algo grande tenía Hitler para conseguir todo lo que consiguió»), es realmente un hombre con el que habría que hablar mucho más tiempo que el forzosamente limitado de esta charla. Lamento tener que terminar el diálogo, la verdad.

Cuando sus biógrafos pasen revista a todo lo que usted ha hecho en la vida, ¿cómo le gustaría que le definieran?

— ¡Hombre! Me gustaría sólo una cosa, que es simple y pura como la verdad: que dijesen de mí que cumplí mi deber como alemán y como oficial del Ejército alemán. Que aunque fui más conocido durante la guerra, también en mi otra vida hice cosas que no están mal. En definitiva, que fui un alemán que vivió consecuentemente con sus ideas.

William Shakespeare (Skorzeny me perdonará la cita inglesa) ya elogió la fidelidad de uno consigo mismo...

CARLOS SAURA

Cuando ingresé en la Escuela de Cinematografía,
no tenía ni idea de esto del cine.

Creo que lo erótico forma parte de nuestra vida.

Donde mejor se hace cine es donde uno vive.

Intento hacer un cine inconformista.

Alexander Solzhenitsyn CANCER WARD
James Agee
PHILOSOPHY
ife Full of Holes

Carlos Saura, que en 1975 cumplirá los cuarenta y tres años, es el director cinematográfico español más importante de los últimos tiempos. Su obra ofrece ya títulos tan destacados como *La caza, Pipermint frappé, La madriguera, El jardín de las delicias,* y la controvertida *Prima Angélica.* Varias de sus películas han sido galardonadas en festivales internacionales y en España han conseguido una franca aceptación popular. Saura tiene el perfil agudo, esquinado; el pelo, rebelde, como su carácter. Vive en un apartamento decorado de forma muy personal, lleno de libros, de fotografías, de carteles de sus filmes y de eso que ahora se llaman «posters».

Oye, Carlos, y a ti ¿cómo te dio por hacer cine?

—Yo empecé con la fotografía, nada más comenzar el Bachillerato. Luego, intenté hacer el ingreso en la Escuela de Ingenieros. Pero seguí con la fotografía, hasta que acabé ingresando en la Escuela de Cine.

Y tu vocación cinematográfica, ¿qué fue? ¿Como un soplo de inspiración?

—No, nada de eso. Ningún soplo. Cuando ingresé en la Escuela de Cine, en 1953, no tenía ni idea de esto del cine. Tuve que estudiarme en un mes un montón de cosas sobre cinematografía de las que no tenía ni idea. No sabía ni quién era Einstein.

Entonces lo tuyo no fue una vocación, sino la búsqueda de una profesionalidad...

—Tampoco. Cuando yo hacía fotografía, era de reportaje, de estudio. Entonces, empecé a recorrer toda Espaañ con idea de hacer un libro de fotografías de reportaje y en un momento determinado me di cuenta de que aquello era muy limitado; fue cuando comencé a pensar en la posibilidad de hacer cine; pero no cine de ficción, sino documental. Lo puramente técnico ya lo dominaba y me ilusioné con hacer documentales.

Pero entonces, ¿cómo explicar que habiendo llegado al cine con un sentido visual, o sea, formal, hayas devenido en un director sustantivo, que plantea en sus filmes problemas de fondo?

—Eso ha sido un proceso evolutivo. Yo era una persona con una cultura muy pequeña. He sido en realidad un intuitivo. Cuando llegué a la Escuela de Cine me di cuenta de que no sabía casi nada. Y empecé a leer cosas. Todavía hoy tengo lagunas culturales enormes. Necesitaba prepararme para saber lo que quería hacer en el cine ficción, porque en el documental ya sabía lo que quería. Por eso, comencé dirigiendo *Cuenca.*

Insisto: has derivado en un director de cine que dice cosas; ¿cómo has dado ese paso de lo meramente visual a lo conceptual?

—Es que, perdóname Fernando, partimos de una confusión de principio. El hecho de ser fotógrafo no supone forzosamente una postura estética ni formal. Para mí fue una manera de sorprender a las personas, de hacer algo con eso. Los contraluces no me servían si no había algo más. Siempre pensé en decir algo con la fotografía y sobre todo con un conjunto de fotografías. Pensaba que era ésta la única forma de convertirme en un fotógrafo con una mínima personalidad y me atraía hacer luego un libro.

En serio, ¿comenzaste a dirigir sin tener una cierta cultura cinematográfica...?

— Efectivamente; no sabía absolutamente nada. Es más; creo que sigo sin haberme hecho esa cultura. Lo que sucede es que me he ido poniendo al día, gracias a los amigos y a los libros que voy leyendo y al mundo en que vivo.

O sea, que has hecho un cine sin ninguna influencia...

— Eso tampoco. Todo el mundo la tiene. Lo que nunca he tenido yo ha sido un punto de partida, por mi poco contacto con centros cinematográficos. La primera vez que tuve ese contacto fue en 1957, cuando me invitaron a Montpellier. Allí descubrí a Buñuel. Ya había dirigido *Cuenca.* Buñuel me impresionó de una forma brutal.

Tanto le impresionó, que no ha dudado en dedicarle una de sus películas. Le pido que me explique las razones de su fiel devoción hacia el gran realizador de Calanda.

— Mira, es difícil y al tiempo muy fácil de explicar. Hay factores que me molestan porque son como muy provincianos; primero el hecho de que Buñuel sea aragonés. Y luego, que conozco muy bien su obra. Además, hay en él una postura muy cercana a mí: esa forma de rebelión siempre continua, ese no estar de acuerdo con una sociedad, sobre todo con una sociedad como la española... Una especie de inconformismo.

¿Te atrae el cine inconformista, digamos de protesta?

— Intento hacerlo, aunque no sé exactamente si es un cine-protesta. A mí lo que me gusta es hacer un cine muy personal, aunque siempre insistiendo en aquellos aspectos de la sociedad que a mí me parecen evidentemente monstruosos. Entonces, intenté siempre mostrar eso a través de un mundo muy subjetivo, muy mío.

**Carlos Saura, Geraldine Chaplin
y su hija entonces recién nacida.**

Saura, con uno de sus numerosos trofeos y «componiendo» el personaje.

Tú empiezas con cine social (Los golfos) *y luego derivas hacia un cine también social, pero marcadamente erótico...*

— No, no estoy de acuerdo, aunque quizás sea yo la persona menos indicada para analizar mi no muy extensa obra. Creo, sí, que *Los golfos* fue una película social, aunque no tanto, porque para mí resultaba aún más romántica que social. O, al menos, eso era lo que creía al hacerla. A partir de ahí comprendí que hay dos mundos que me interesan de veras: el social y el realista. Al no saber cómo definirme, decidí hacer cine social, aunque con un realismo cada vez menos claro. La realidad es el realismo inmediato; pero la realidad ha matado un poco al cine español y a la literatura española. Hace años, en España se puso de moda un tipo de novelas como *El Jarama,* que es maravillosa; pero todo el mundo se sintió con derecho a escribir así y se derivó en lo magnetofónico.

A partir de *Pipermint frappé,* el cine de Carlos Saura acusa una marcada inclinación hacia lo erótico como sustento de todos sus argumentos. Se lo digo.

— Bueno —aclara—, para empezar te diré que yo creo que lo erótico forma parte de nuestra vida. En España hablar de lo erótico es como hablar del demonio; no lo entiendo. En *Los golfos* ya había un par de secuencias, las más bonitas, que eran eróticas. Porque creo que el erotismo está siempre en todos nosotros. No es que yo sea una persona fundamentalmente erótica, aunque sí enormemente erotizada. Aquí lo que nos ocurre es que hemos sido traumatizados de una forma tremenda y nos han hecho ver a la mujer como una especie de juego entre lo maravilloso virginal, con el encanto del relajo... Todo esto, que es una monstruosidad, en el fondo creo que nos hizo especialmente sensibles a cierto tipo de erotismo; que por eso tenemos un concepto del erotismo bastante complicado, quizás a causa de cierta represión religiosa. De ahí ha surgido un equívoco entre lo que es erótico y lo que es pecaminoso. No sé por qué, aquí siempre se identifica lo erótico con el sexo. Quizás ahora, en la generación actual, sea ya distinto...

No hará falta recordar que el cine español atraviesa una crisis importante. Quizás la viene atravesando desde siempre. Pero ahora se debate en la prensa: algunos productores dicen que suspenden sus actividades, los distribuidores aseguran que pierden dinero, los exhibidores se quejan de que disminuye la asistencia del público, por culpa de la televisión...

¿Y sobre esa crisis, qué dices tú?

— Yo siempre digo lo mismo: que se habla de crisis industrial, y sinceramente no conozco el tema, por lo que no puedo hablar de él. La crisis que a mí me interesa es de enorme complejidad: se trata de la crisis causada por el hecho de que no podamos expresarnos con sinceridad...

¿Pero no crees también que se trata de un problema de industria; de que el productor español no tiene conciencia de su función?

— Yo creo que los productores (con tres o cuatro excepciones, entre ellos el mío, Querejeta), son en todo el mundo casi iguales. En Estados Unidos el problema es el mismo... Mientras piensen que la película les va a dar dinero, no les importa nada más. Aparte de eso, indudablemente, vivimos en estos momentos un período de enorme confusión en el mundo entero. Y la confusión se refleja en todos los aspectos; lo cual tampoco quiere decir que no haya por ahí un cine estupendo...

Pero falta una normalidad, una línea mantenida de calidad...

— Sí. Y no sé a qué se debe eso... Hay gente muy inteligente haciendo cine en el mundo; pero hacen dos películas buenas y luego encuentran enormes dificultades para hacer la tercera.

¿No será que para hacer cine en serio hay que partir de una entera convicción?

— A mí me parece lo más esencial, desde luego; lo más evidente.

O sea que, con la mano en el corazón, Carlos, si la Metro Goldwyn te ofreciese millones por realizar una novela de Pérez y Pérez ¿rechazarías la oferta?

— Desde luego, ahora, no lo haría. Lo cual no quiere decir que si llevase diez años sin trabajar y lo necesitase... no sé... Ahora mismo he tenido varias posibilidades que he rechazado. Para mí el dinero nunca ha sido un problema vital.

¿Hasta qué punto crees que podrías hacer un cine a gusto contigo mismo, rodando fuera de España con elementos extranjeros?

— Me lo han ofrecido; pero no me siento de momento con capacidad para hacerlo. Para empezar hay que dominar el idioma y conocer el país. Esto supuesto, no veo ningún problema. Pero hay una cosa evidente: que donde mejor se hace cine es donde se vive. Conoces a la gente y sus reacciones y eso lo facilita todo.

Geraldine Chaplin, que ha asistido en silencio a todo el diálogo, renueva nuestros whiskys. Hablamos ahora de la última película de Saura, que está montando y, ¡cómo no!, de Buñuel. Se nos hacen las tantas...

MARIO MORENO, "CANTINFLAS"

Para hacer felices a los demás, lo primero que hace falta es que uno mismo sea feliz.

La risa es un género muy difícil, que los sabios críticos suelen subestimar.

Más que actor cómico, me considero un humorista.

Mi personaje, el "Pelao", hace como los estadistas en las conferencias internacionales: habla y habla, sin decir nunca nada en concreto.

AL comienzo de la Avenida Insurgentes, en Ciudad de Méjico (considero comienzo el 377 de un paseo que supera los dos mil números y los veinte kilómetros) hay un moderno edificio llamado «RIOMA». Tiene un restaurante de lujo en sótano, «boutiques» en el bajo y despachos hasta el piso octavo. Luego, en lo que allí llaman «penhaus» y en España, ático, se encuentran las oficinas del propietario del inmueble, don Mario Moreno. Don Mario Moreno, universalmente conocido por «Cantinflas».

Me ha citado a las ocho de la tarde y llega retrasado y deshecho en excusas. Superada su grave enfermedad, «Cantinflas» está físicamente espléndido. La operación de cirugía plástica a la que se sometió hace unos años le ha dejado un cutis terso y juvenil. El cabello, gris, abundantísimo, y, como dicen en las peluquerías, pulcramente «esculpido a la navaja». Un traje de ajustado corte, beige oscuro y, como en él es costumbre, cuello alto en lugar de corbata.

Pegamos la hebra sin mayor introito.

Mario, los grandes personajes cómicos del cine actual siempre partieron de algún modelo preexistente: sobre todo, de Chaplin o de los mimos del cine mudo de los años veinte. Sólo usted fue capaz de crear un tipo absolutamente personal y sin referencias...

— Bueno, como siempre digo, el mío es el tipo del «pelaíto» mejicano, que me encontré en la realidad y de ahí lo tomé, de la calle, con su filosofía y su auténtica comicidad. Lo mío fue una labor de puritita observación y con eso me bastó para recrear el personaje, primero en el teatro y luego en el cine.

(«Cantinflas», aquí, sentado en su mesa de hombre de negocios, en este despacho con las paredes forradas de madera oscura, en nada recuerda al personaje desmañado y tragicómico que ha inmortalizado el celuloide. Tampoco, como puede suponerse, habla con deje marcado ni mucho menos de manera incomprensible. Al reves; sus respuestas son concretas, muy fluidas, muy claras de concepto).

Ese «pelaíto» ofrecía un problema de arranque, según yo pienso, Mario: su absoluta localización, el que se trataba de un tipo inconfundiblemente mejicano y que quizás por eso podían no aceptar o no entender fuera de Méjico y aún más, fuera de las zonas de habla castellana...

— Sí, en efecto; yo también tenía ese temor. Y, honradamente, le diré que jamás pude pensar que lo iban a entender en todas partes como lo entendieron, que llegaría a todo el mundo y que en todo el mundo haría reír.

A propósito de eso: ¿cuál es el secreto de la risa?

— Mire, mi amigo; de verdad no tiene muchos secretos, que digamos. Básicamente, para hacer felices a los demás, lo primero que hace falta es que uno mismo también sea feliz, en lo que cabe, naturalmente...

Pienso: y entonces, ¿qué se hizo del viejo tópico literario del payaso que hace reír a la gente mientras él llora por dentro? Y se lo digo a «Cantinflas».

— Bueno, si que puede ocurrir también eso —me responde—, pero digamos que como excepción. Normalmente, el humorista tiene que ver el lado bueno de la vida y de la Humanidad y vivir en él. Debe sentir intensamente la comicidad, aunque también la tragedia, lo que le convertirá en un tragicómico, que es lo que siempre fueron los grandes personajes del humor. Esto exije, antes que nada, sensibilidad. Y en definitiva, los mejores humoristas, los mejores cómicos, los mejores payasos, como son de verdad felices es viendo y sabiendo que hacen felices a los demás. Desde luego, eso es lo que me pasa a mí...

¿Quienes son o han sido, según usted, los grandes maestros de la risa en la pantalla?

—Hay muchos. Y hubo todavía más. No quisiera específicamente decir ningún nombre. Eso sí; destaque usted que se trata de un género muy difícil.

Mario Moreno es diplomático. Llevo un cuarto hora de charla con él y cada vez me parece más increíble que este señor que se sienta frente a mí, correcto e inteligentísimo, de juicios claros y expresión sobria, pueda transformarse luego en el «pelao» de la «gabardina» y los largos discursos camelísticos...

Dígame, Mario: ¿es igual el humor en todas partes?

—No, como idea general, no. Hay siempre diferencias muy características. Mire, a los latinos no nos hacen gracia los chistes alemanes, ¿verdad?

Verdad. Y sin embargo, usted ha logrado hacer reír a los alemanes y a los coreanos y a todo el que se puso por delante...

—Es que hay determinados cómicos, no sé cómo decirle, que tenemos algo que traspasa países y mentalidades. Hay que pensar que cuando se habla del actor cómico, no siempre se le interpreta en su auténtica dimensión. No es, ni mucho menos, el que tiene una simple rutina cómica. Yo, por ejemplo, más que actor cómico me considero un humo-

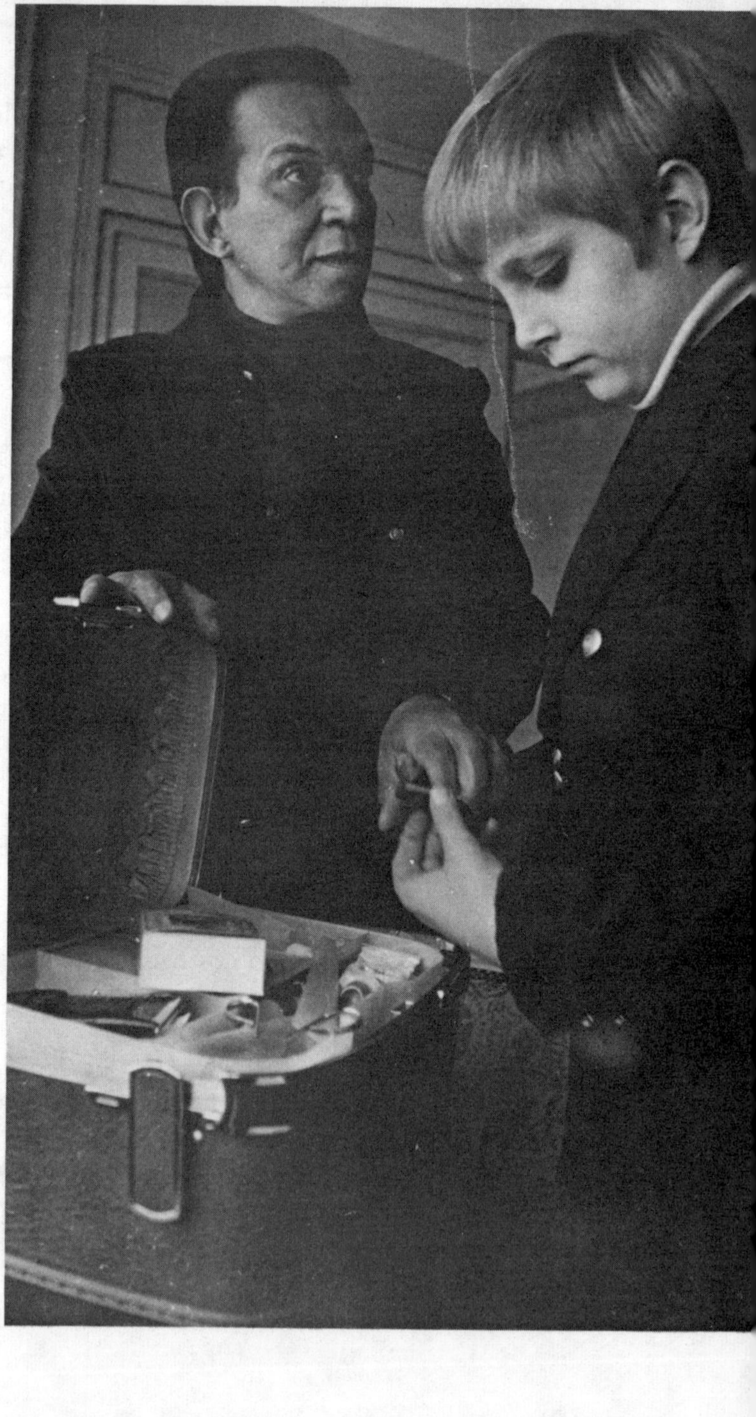

Mario Moreno, fuera de la pantalla, es otra persona. Aquí, con su hijo.

Este es el «Cantinflas» conocido universalmente, el cómico que hace reír con su personaje del «pelao».

rista. Y el humorista precisa de un conjunto de características que le universalizan: que le dan una proyección mucho más amplia que la del artista meramente «para reír».

La gracia de «Cantinflas» se basa, muy fundamentalmente, en sus pintorescos diálogos, en sus trabalenguas y sus monólogos sin sentido. Es, por tanto, una gracia coloquial, manifestada en una voz personalísima. ¿Cómo, entonces, puede también hacer reír allí donde sus películas se presentan dobladas?

— Bueno —me dice—, han llegado a doblarme muy bien, aunque inevitablemente siempre se pierdan muchos de los efectos cómicos del diálogo. Pero tenga en cuenta que el idioma ése del «pelao», tan peculiar, es una defensa, una postura evasiva frente al medio hostil o al menos, contrario. Por eso habla mucho sin decir nada y yo pienso que ese concepto permanece incluso luego de que se doblan las películas. A fin de cuentas, el «pelao» hace como los grandes estadistas en las conferencias internacionales, donde también hablan y hablan, sin decir nada en concreto...

En las librerías de Méjico, puede verse, promocionado como novedad editorial de la temporada, un libro escrito por Mario Moreno, *Su Excelencia.* Se trata del argumento novelado que sirvió de base a la película de «Cantinflas» del mismo título.

¿Supone esto que piensa dedicarse a escribir?

— Pues mire, mi amigo, eso de escribir es un deseo que uno tiene de antiguo. No es que ahora vaya a dedicarme por completo, entiéndame... En realidad, yo siempre he colaborado en los guiones de mis películas de una forma amplia. Lo de escribir supone para mí un sedante; me gusta y me relaja...

La relación humor-amor, de la que tantas veces se ha escrito, ¿qué le inspira a «Cantinflas»? Lo sabremos en seguida.

—Con humor siempre hay amor —contesta—. Y hay fraternidad y hay otros muchos nobles sentimientos. La risa es el antídoto del odio. Nadie mata riendo...

Déjeme, Mario, que le haga ahora una pregunta tópico. ¿Podría usted escoger, entre todas sus películas, el «gag», la frase, la escena o el chiste que más le satisfacen?

Se queda pensativo «Cantinflas». Naturalmente, porque son muchos sus films y, muchísimos —incontables— los golpes de gracia que hubo en ellos. Así me lo dice, justificándose por no recordar de pronto. Hasta que elige:

—Quizás en *El padrecito,* cuando yo decía aquello de que en vez de acabar con los ricos, preferiría acabar con los pobres...

El padrecito ha sido (por si lo desconocían ustedes) una de las películas extranjeras de mayor recaudación en España en los últimos años. Ha superado las cifras en taquilla de «Doctor Jhivago», sobrepasando los cien millones de pesetas de ingresos en territorio español. Ni que decir tiene que «Cantinflas» tuvo mucho que ver en este clamoroso suceso comercial del film.

Mario, casi todos los actores cómicos triunfantes llega un día en que deciden hacerse dramáticos y cifran su ideal en interpretar Hamlet. *¿También usted?*

—No, creo que no. Me parece normal eso que usted me dice y que, en efecto, suele ocurrir, porque se trata de un deseo muy natural en artistas que cultivamos un género al que no se le da nunca la categoría que tiene. Pero yo seguiré en lo mío, sin salirme de lo tragicómico, que es donde se encuentra mi personalidad.

Se queja de la subestimación del género cómico. Hábleme de ello...

— Pues, desgraciadamente, la mayoría de los sabios críticos no le dan importancia al género de humor y fíjese usted que nunca se ha premiado a un actor cómico en ningún certamen internacional de cine, como si éste no fuese un género difícil y trascendental...

Es cierto...

— Pero oiga, mi amigo: los actores de humor, los actores cómicos ganamos cada año el mejor trofeo, el de conseguir la felicidad del público que nos ve...

Me acompaña hasta el ascensor («elevador» le llaman los mejicanos), y me abraza al despedirme.

— Por favor, no deje de reiterar a mis queridos hermanos españoles lo mucho que agradecí sus muestras de interés y afecto en ocasión de mi enfermedad.

Descuide, Mario...

En la Avenida Insurgentes hay, como no, un tremendo embotellamiento...

JOSE MARIA GIRONELLA

No recuerdo haber pasado cinco minutos de mi vida pensando en el dinero.

Viajar es imprescindible para el escritor.

He ganado, sí, muchos millones con mis libros.

Mis años en el seminario me produjeron gran impacto.

Salíamos en Semana Santa con unos palos a picar los suelos; era un símbolo de que matábamos judíos.

La habitación es pequeña y muy acogedora. La mesa de trabajo está al fondo y hay un tresillo junto a la puerta, en el que nos sentamos. Estanterías llenas de libros cubren las paredes, que sólo se alivian de tomos en unas partes cubiertas por viejos mapas de navegar. Deliciosos mapas, que Gironella aclara en seguida que son reproducciones. Estupendas reproducciones, por otra parte.

Casi es lo primero que hablamos. Encuentro muy significativa esta aclaración del escritor, porque revela pronto una de sus características humanas más concretas: la honestidad. Luego, decide que nos tuteemos. También lo encuentro natural, pese a la gran diferencia en categoría literaria que nos separa (no tanta en años), porque es un hombre con el que uno se siente en seguida compenetrado. Gironella lleva puesto un chaleco de punto con mangas, de esos de andar por casa y tiene la mirada profunda, inquietante y como constantemente alerta. Hay algo en él de iluminado, de visionario. Su cabeza —nobilísima—, me recuerda intensamente la de los santos que pintaba Zurbarán.

Entramos en harina.

Perdona, Gironella. Pero este país nuestro, pese a lo que dicen que ha subido la «renta per cápita», sigue destacando por la morbosa curiosidad de las gentes hacia ganancias ajenas. Y por eso mismo, el lector no me disculparía jamás que no empezase preguntándote por las tuyas. Eres, según dicen, el único novelista español millonario…

— El único no, hombre... —se defiende Gironella.

Bueno, pero el mas millonario, digámoslo así. ¿Qué sensación produce esta de escribir y ganar mucho dinero?

— Por lo visto, la pregunta es inevitable en mis entrevistas. ¿Qué quieres que te diga? La sensación es agradable, claro, porque implica una independencia, no tener la obligación de escribir contra reloj, poder viajar (cosa indispensable para el escritor de nuestro tiempo) y ayudar con eficacia a los que nos rodean.

¿Esperabas ganar todos esos millones cuando escribiste Los cipreses creen en Dios?

— Quiero aclararte antes que, al margen de mi actual situación, estoy muy satisfecho de haber pasado primero la prueba del hombre sin camisa. Así escribí, precisamente, *Los cipreses*. Por lo demás, no recuerdo haber gastado cinco minutos de mi vida pensando en el dinero. Cuando gané el «Nadal», lo único que sentí fue un estímulo irreversible, como si un fantasma hubiese dado el espaldarazo a lo que yo intuía que era mi verdadera vocación.

Tu idea inicial sobre esta especie de Episodios Nacionales *contemporáneos, ¿se ha modificado a la vista del fabuloso éxito alcanzado por los volúmenes publicados hasta hoy?*

— He decidido ampliarla, dedicando a la postguerra lo menos cuatro tomazos más. Pero no por razón del llamado éxito; mi decisión se basa, fundamentalmente, en que estimo indispensable cerrar el ciclo de mi serie novelística el día en que se produzca la sucesión a la jefatura del Estado. Hacerlo antes sería dejar colgada en el aire nuestra historia. Claro, que lo haré si me dejan y por ahora, parece que no.

La obsesión de Gironella por los viajes es constante. Llevo con él algo más de media hora y por tres veces ha aludido a ellos. ¿Habrá en su ilusión viajera un deseo de evasión? ¿Una inquietud por conocer hombres y paisajes? ¿Un sentido profesional?

— Eso sobre todo —me aclara—. Viajar es imprescindible para el hombre que quiere escribir.

Perdóname, pero esa idea va en contra de la tradición literaria española. El novelista español nunca viajó demasiado. Piensa, por ejemplo, en Galdós...

— Así le fue.

¿Es que no te gusta Galdós?

— Claro que sí. Pero rindió la mitad de lo que podía. Y a mayor abundamiento, hay que decir que en su época era menos necesario viajar que ahora. Ahora es imprescindible, porque los chicos de quince años se conocen ya medio mundo. Para el escritor, viajar es una colosal cura de humildad. Uno deja de creerse el ombligo del mundo.

Sigo, refutándote, José María. Blasco Ibáñez fue, en su segunda época, un novelista español que conoció mucho mundo. Sin embargo, sus novelas mejores las escribió cuando aún no había salido del Cabañal, de la Valencia chiquita y pueblerina de finales del XIX...

— Es que, claro, no se debe hablar de estas cosas en términos absolutos. Sería absurdo afirmar rotundamente que no se puede llegar a ser un gran novelista si no se ha viajado; en un sillón de ruedas puede haber un genio. Pero como norma genérica y puesto que hoy la gente viaja cada vez más, creo que el novelista debe hacerlo también. Sobre todo, porque el confusionismo que crea en la actualidad la fabulosa cantidad de información que se recibe a diario, deforma casi siempre la imagen real de las cosas. Las cosas, pues, hay que vivirlas. De eso me convencí al visitar Vietnam. Aquello nada tiene que ver con lo que los periódicos nos han contado de allí.

José María Gironella, cuando escribió
«Los cipreses creen en Dios»,
su novela millonaria (de ejemplares y de pesetas).

El novelista, durante una de sus enfermedades, soñando en viajar, claro...

Y hablamos, naturalmente, de aquella guerra triste y de las crónicas que sobre ella escribió Oriana Fallaci, a la que Gironella no conoce personalmente y sobre la que le cuento mis impresiones humanas. Me sirve un coñac, con peligrosa generosidad en la ración. Se ha marchado el fotógrafo, luego de levantar acta con su «flash», de la entrevista. Vuelvo al gran tema de *Los cipreses*. José Manuel Lara me ha contado más de una vez las dificultades que encontró Gironella para colocar la novela en las editoriales.

— Vaya que sí. Aquello fue una humillante peregrinación. Los editores se asustaban viendo los novecientos folios de la novela, referidos además a la época anterior a la guerra civil, que pensaban que no interesaría a nadie. Después de visitar varias editoriales, Ruiz-Castillo me firmó un contrato y me dio tres mil pesetas de anticipo. Pero luego me llamó al Hotel Bristol, donde yo estaba viviendo, para pedirme rescindirlo. Me quedé hundido. Recuerdo que, en plena desmoralización, entré en el Café Gijón sin saber exactamente por qué. Llevaba sesenta pesetas en el bolsillo, como único capital. Allí me encontré con César González Ruano, a quien le conté lo que me había sucedido. César —lo recuerdo perfectamente— me dijo: «Hay un extraño ser que dice llamarse Lara, que se ha metido hace poco a editor y que a lo mejor pica». Le localicé en seguida y como su mujer es ampurdanesa, el paisanaje facilitó el primer contacto. Les dejé el original y aquella noche se pusieron a leerlo. Por lo visto, no durmieron. Al otro día me comunicó que aceptaba editar la novela y me dio un dinero, con el que pude devolver el anticipo a Ruiz-Castillo.

¿Qué dinero te ha producido Los cipreses *como derechos de autor?*

— No te lo digo, porque a lo mejor me odias.

Descuida; en esto de las envidias por razón económica soy muy poco español. ¿Cinco, seis millones de pesetas?

— Bueno, digamos, si te parece, que una cantidad fabulosa de millones de pesetas.

A pesar de eso, no me siento capaz de odiarle. Se apresura Gironella a aclarar que esta cifra fabulosa se ha debido, esencialmente, a las ediciones extranjeras de la novela, de las que en su librería hay completa prueba: *Los cipreses,* en alemán, en francés, en inglés, en italiano. Hasta en japonés. Y en cierto modo, todo esto se debe a un consejo del gran César, el inolvidable César. Al que dedicamos unos minutos de conversación. Ni que decir tiene que también Gironella guarda de él un recuerdo entrañable, a la vez que divertido.

—Cuando ya había salido la novela, un día se presentó Ruano en mi casa de Gerona. Venía de visita; soltó un par de frases de aquellas suyas y se quedó viviendo con nosotros un mes.

Sí; era un gran tipo. Sigamos. Como es sabido, Gironella fue seminarista en su natal Gerona.

¿Puede decirse que el seminario imprime carácter a quienes pasan por él?

—Tampoco en esto se debe generalizar. A mí, desde luego, me produjo un gran impacto. Aquel seminario de Gerona en el que yo estudié era la viva encarnación del concepto trágico de la vida y de lo sobrenatural. Provocó en mí una grave crisis, que creo todavía me dura.

Al cabo de los años y luego del Concilio, ¿qué consecuencias sacas de las enseñanzas recibidas?

—Que el setenta por ciento de ellas se considerarían hoy herejías. Fíjate: en Semana Santa salíamos con unos palos a picar por los suelos, simbolizando que matábamos judíos. Calculo que, de esta forma incruenta, yo habré liquidado casi tantos como Himmler…

Nos contamos unos chistes auténticamente postconciliares. Y descubrimos, gozosos, lo de siempre: la coincidencia de nuestras santas madres en escandalizarse por las actuales aperturas de la Iglesia. Este querido tema nos lleva unos minutos especialmente sentidos.

Pregunta tópico: ¿Te ilusiona llegar a Académico?

—¡Ah, no, no! Me ilusiona más que mis nuevos libros me salgan bien.

Lo ha dicho espontánea, auténticamente.

¿Cuál es tu técnica para escribir?

—Mis dos primeros libros los escribí «a lo que saliera». Y salieron. A partir de entonces, hago un esquema muy amplio y corrijo hasta veinte veces cada párrafo si es preciso. *Los cipreses* lo escribí entero cinco veces. Y escribo diariamente ocho horas: de nueve a doce y de cuatro a nueve.

Son cerca de las siete. Llevo con Gironella desde las cuatro y media.

Perdona: por mi culpa estás retrasando la salida de tu próxima novela...

—Descuida: estos días ando menos riguroso en mi régimen de trabajo...

Pero lo dejo ya, en su piso chiquito de la calle de San Elías, por arriba de Balmes, en esa parte deliciosa de Barcelona amparada por el cercano Tibidabo, con sabor cosmopolita, con aires de barrio rico y, sin embargo, acogedor y agradable. Como Gironella, vamos... De quien, naturalmente, no me creo eso que ha dicho luego, de que quiere hacerse francés.

ANTONIO DE LARA,
"TONO"

Como su propio nombre indica, aquel nuevo humor mío era un humor bastante nuevo.

El día que nací, me puse muy contento.

Pero luego ya difícilmente me he vuelto a poner contento, porque sólo lo estoy de verdad cuando no hago nada.

Aunque he dirigido periódicos, he dibujado millares de monos, escribo artículos a porrillo, tengo estrenadas veintitantas funciones y hasta he hecho de director en dos películas.

20

CONOZCO tanto a «Tono», convivo tanto con «Tono», quiero tanto a «Tono», que tengo muy fundadas dudas sobre cómo pueda resultar esta entrevista. Creo que la confianza con una persona es enteramente desfavorable a la hora de procurar hacerle a esa misma persona la anatomía periodística, la exploración radiológica comúnmente llamada interviú. Y yo me sé a «Tono» de memoria, conozco sus inventos, sé de sus artes culinarias, adivino sus caprichos de cada comida, me consta su primario conocimiento del póker (aunque él se empeñe en lo contrario) y, sobre todas las cosas, puedo atestiguar que se trata de una de las personas más cabalmente buenas que recuerdo.

Con que vamos a tomar la copa de rigor en su estudio —decorado con cuadros de Pepe Caballero, de Javier Clavo, de Ballesta y hasta con uno de Cayetana Alba— y vamos a empezar preguntándole a «Tono» (de verdadero nombre, Antonio de Lara Gavilán, nacido en Jaén cuando el siglo XIX estaba acabándose) si es cierto, como dicen los eruditos, que trajo con sus chistes y con sus comedias un nuevo concepto del humor.

— Pues creo que sí —contesta «Tono»—. No es, en realidad, que lo trajera, sino que lo llevaba dentro y lo solté. El primer sorprendido fui yo, que al ver aquel humor me dije: «¡Caramba, pues esto es gracioso!» Y seguí diciéndome: «Me parece a mí que esto es un humor nuevo...».

¿En qué consistía, dime?

—Como su propio nombre indica, aquel nuevo humor era un humor bastante nuevo.

Entiendo. Mira, cuando tomé mi café y mi copa con Mingote, me dijo que tú eras, sobre todo, un colosal dibujante; para él, uno de los mejores de España. Un dibujante pistonudo, en una palabra. ¿Qué crees?

—Que el pistonudo es Mingote. Resulta que yo dejé de dibujar precisamente porque no me gustaban mis dibujos, porque los encontraba duros y poco expresivos. Ahora estoy intentando evolucionar, pero no creo que lo consiga, porque a buena hora mangas verdes.

Anda, «Tono», cuenta un poco de tu vida, si es que se puede...

—Sí, creo que con lo de la apertura de la censura sí que se podrá...

«Tono» enciende un cigarrillo negro, con mano temblona. Le tiemblan mucho las manos a «Tono» y sus amigos nos metemos con él por eso. Enchufa un ventilador de su invención, que a pesar de eso, funciona bien y comienza a darle a la autobiografía...

—Como ya escribí hace tiempo, el día que nací me puse muy contento. Luego ya difícilmente me he vuelto a poner contento, porque sólo lo estoy de verdad cuando no hago nada (que esa es mi verdadera vocación), pero resulta que si no hago nada no gano dinero y entonces me tengo que poner triste. Más que por mí mismo, por las buenas gentes a las que les debo facturas. Y tengo que ponerme a trabajar, con lo cual tengo dinero, pero tampoco estoy contento, porque trabajar es una lata...

Bueno; pues a pesar de eso, «Tono» ha trabajado bastante en esta vida. Comenzó a dibujar en *El Guante Blanco,* una revista que dirigía en Valencia Maximiliano Thous (porque pasó su infancia y su primera juventud en la capital levantina) y luego se fue a Madrid y colaboró en las revistas de *Prensa Gráfica,* en aquellas colosales revistas que se llamaban *Nuevo Mundo, La Esfera, Elegancias, Mundo Gráfico.* Se vivía la «belle époque» y pienso que «Tono» la aprovechó cumplidamente, porque le van de primera todas aquellas maravillas, que, según cuenta, se podían disfrutar entonces por cinco duros: las cenas en Lhardy, el champán en Fornos, las tertulias en la Granja del Henar... Una vida amable, elegante y, a la vez, galante, que le iba como anillo al dedo de un «Tono» juvenil, seductor y bohemio...

— Más tarde, pero también por entonces, dibujo en *Gutiérrez* y en *Buen Humor* y me destaco como cartelista. Ya sabes la definición del cartel: «un grito pegado a una pared».

¿Gritaste mucho?

— Bastante. Y conseguí primeros premios muy lucidos. Para mí, el secreto de un buen cartel consiste en estilizar la cosa que se quiere anunciar. Parece ser que estilizaba de primera y tuve mucho éxito en esta especialidad plástica.

Sigamos biografiando, con perdón. Luego te fuiste a París.

— Exacto. Esa fue mi época bohemia. Ser bohemio consiste en cortarse poco el pelo, comer poco, no trabajar nada y conquistar mucho. Aunque yo dibujé mucho, en todos los periódicos franceses de humor, hasta que me marché a Hollywood.

¿Cómo fue eso?

— Me contrataron desde allí, por consejo de Edgar Neville y de Conchita Montenegro, que ya estaban en eso que llaman «la Meca del cine». Me fui, pues, a la Meca esa y me pasé un año sin dar golpe, porque nada más llegar se suspendió la realización de películas en versión española y ya no tenía nada que hacer en Hollywood. Me ofrecieron indemnizarme y que me volviese o pagarme el contrato sin

«Tono» frente al micrófono, diciendo gracias.

**«Tono» frente al cordero,
haciendo grasas.**

que tuviese nada que hacer. Preferí esto, naturalmente, y me quedé allí, sin función concreta. Tuve en ese año cuatro coches y tres perros, hice amistad con «Charlot» y conocí a gentes muy importantes, como Einstein.

La historia de «Tono» y Einstein es curiosa. Se conocieron en una fiesta; por entonces, «Tono» todavía no hablaba apenas inglés. El sabio descubridor de la relatividad le hablaba y le hablaba, y «Tono» le escuchaba y le escuchaba, sin entender nada. Todo el mundo estaba admirado de aquel largo diálogo, que no era tal. En fin, que a Einstein le cayó de primera aquel español tan amable y atento que seguía interesadísimo su conversación...

— Volví a España y dirigí *Vértice,* con Romley, colaboré en *La Ametralladora,* junto a Miguel Mihura y publiqué una serie de artículos en colaboración con él; firmábamos «Tomi-Mito». En esa época publicaba, asimismo, cuatro caricaturas distintas cada día, en otros tantos diarios. Y encima, fue durante la guerra cuando escribimos, en San Sebastián, Mihura y yo *Ni pobre ni rico, sino todo lo contrario,* que se estrenó después y dio lugar a que hablasen de todo eso del «humor nuevo», porque la obra causó verdadero impacto.

¿Cómo fue el pasarte al teatro, dejando casi abandonado el chiste y el dibujo?

— Bueno, lo hice por necesidad, porque al acabar la guerra apenas había periódicos donde publicar caricaturas. Luego del exitazo de *Ni pobre ni rico,* Arturo Serrano me animó a seguir en el teatro y estrené *Rebeco.* Y ya no paré: *Guillermo Hotel, Tita Rufa, Francisca Alegre y Olé, Retorcimiento,* y adaptaciones a porrillo...

Metido en faena, «Tono» llegó, incluso, a dirigir películas. Y lo curioso es que la primera película —*Canción de medianoche*— era dramática. Luego realizó una adaptación de *Guillermo Hotel,* con el título de *Habitación para tres.*

— La hicimos en condiciones precarias, sin un duro, pero durante el rodaje lo pasábamos bomba...

¿Has creado escuela, «Tono»?

— Pues mira, en París hay un caricaturista, Grove, que desde que yo estaba allí ha seguido fielmente mi estilo de dibujo y aún hoy lo continúa imitando. Mira, mira...

«Tono» busca en su biblioteca un libro francés de humor. Efectivamente, los dibujos de Grove son una fiel reproducción —salvando las naturales distancias— de ese trazo personalísimo de nuestro amigo.

¿Qué chiste tuyo tuvo más éxito?

— Pues, la verdad, han sido muchos los que han tenido éxito. Pero, puesto a elegir, te contaré lo que me pasó con uno publicado en *Don José*. Era un recuadro en blanco, sin ningún dibujo, y el pie decía: «La verdad, doña Enriqueta, es que no somos nadie». Pero lo más gracioso de este chiste fue que, a la hora de cobrarlo, el administrador no me lo quería pagar, porque decía, el tío, que no había dibujado nada...

Tomamos otra copa. «Tono» bebe muy poco ahora y se cuida la línea. Pero sigue siendo un «gourmet» fenomenal, con grandes cualidades como cocinero de alta escuela. Sus platos más conseguidos: el pollo a la crema y el «porco a la lentegiana». Doy fe, por conocimiento directo, que los borda. También puedo atestiguar que sus inventos son estupendos. Inventa los pitorros más insospechados, pero sólo tienen un fallo: luego resulta que ya estaban inventados.

¿Qué hubieses querido ser, «Tono»?

— Millonario. Pero sólo un poco.

¿Te atrae la luna?

— No. Me parece un sitio muy triste.

¿Qué es la mujer?

— Eso que es todo lo contrario que el hombre.

¿Y el amor?

— Eso que siente el hombre por la mujer y la mujer casi nunca por el hombre. También últimamente, y sobre todo en Inglaterra, lo que pueden sentir los hombres entre sí.

¿Qué te parece el ahorro?

— Una manera de pasarlo mal, para guardar en el Banco un dinero con el que otros lo pasan muy requetebién.

¿Y tú, qué eres?

— Un poeta.

¿Estás ya en la historia?

— Por lo menos estoy en el Espasa. Aunque como decorador, que es lo que menos he hecho en la vida.

Entonces, ¿piensas que ya has ganado la fama en la posteridad?

— Creo que sí. De momento, aún no tengo una calle con mi nombre, pero ya tengo un teatro en Madrid. El Lara.

«Tono», que falten muchos años para entonces. Pero perdóname si te pregunto —ya sabes lo que es esto de los reportajes— ¿qué epitafio le pondrías a tu tumba?

Tocamos madera, como es natural. Y dice «Tono»:

— Pues éste: «Esperen un momento, que ahora vuelvo».

Terminamos hablando de los amigos, porque con «Tono» ocurre siempre esto: que acaba uno hablando de los amigos, porque él es, por encima de todo, amigo de los amigos. De ahí que todos le queramos tanto; de ahí que sea un hombre de quien nadie habla mal. Y cuidadito con que alguien se atreva...

PABLO SOROZABAL

Francamente, yo no sé en qué consiste la inspiración.

Hoy la música no importa nada en España
ni se promociona desde arriba.

Aquí, para demostrar que algo carece de importancia,
se dice: "Eso son músicas".

No es que la zarzuela esté en crisis;
es que está en la agonía, si no se ha muerto ya.

EL maestro Pablo Sorozábal es, en un mucho, parte de la zarzuela española contemporánea. Todas sus obras alcanzaron amplia y entusiasta popularidad, quedando en el repertorio más brillante del género. ¿Habrá que citar títulos? Ahí van algunos: *La tabernera del puerto, Katiuska, La del manojo de rosas, Don Manolito.* No es necesario adjetivar sus partituras.

Le veo, como casi siempre veo a mis personajes, al anochecer, en su casa del barrio de Chamberí, que es también mi barrio. Sorozábal viste siempre de oscuro, es persona seria (como buen vasco), sin detrimento de una constante cordialidad, que fuma tabaco negro (al que acabo de pasarme). Me recibe en un despacho con muebles estilo Renacimiento, con fotos y dibujos que recogen su triunfal trayectoria de compositor.

Maestro, ¿qué es para un músico la inspiración? ¿En qué consiste?

— Pues yo, francamente, no sé lo que es, ni en qué consiste, ni cómo llega. De pronto se tiene una idea; una luz, un momento de ingenio, igual que se puede tener en una conversación, cuando a uno se le ocurre algo interesante...

Bien; ya tenemos la luz. ¿Pero cómo la materializa, cómo la lleva al papel pautado?

— Para mí, escribir música es una consecuencia del tema. Es decir, si se me ocurre una idea —sobre todo escribiendo música para teatro— es porque al estudiar el libro ya me ha surgido algo, algo efectivo. Y eso es lo importante. Luego, a lo largo del trabajo, la inspiración va ampliándose. Mire usted; yo creo que el secreto de mis éxitos, si es que los he tenido, se basa en lo mucho que he rechazado, en las exigencias conmigo mismo, con mi obra. Hay algunos que se conforman con todo lo que escriben; a mí, eso me parece una estupidez.

Antes de saber composición, maestro, ¿ya tenía ideas musicales?

— Hombre, claro. Todo está en el ambiente que uno se crea. Yo fui músico por casualidad; en mi familia no existían antecedentes. Comencé a estudiar música porque no costaba dinero y fui interesándome a medida que avanzaba. Pero en 1907, estudiar música era muy difícil. Ahora las generaciones actuales no se dan cuenta de lo que tienen, con las radios, con las grabaciones, con la televisión, con tantas formas de reproducción mecánica. Pero cuando yo era niño, apenas podíamos oír música, como no fuera en los conciertos y en las fiestas familiares. Todas las señoritas «bien» estudiaban piano y en San Sebastián se formaban corros para escucharlas, por mal que tocasen, ya que sólo así se oía música. Entonces había una necesidad de música; los obreros, en el andamio, cantaban romanzas de ópera y muchas compañías líricas recorrían España interpretando el repertorio. Las bandas daban conciertos públicos los días de fiesta. En definitiva, se vivía un clima de afición musical que hoy no existe. Hoy, la música no importa nada ni se promociona desde arriba, donde todavía importa menos.

Hace Sorozábal una pausa, antes de decirme una frase terriblemente cierta. Esta:

— Fíjese usted que España es el único país donde para demostrar que algo carece de importancia, se dice: «Eso son músicas...».

Y es verdad. Dolorosa verdad. Trágica verdad. Sin embargo, hay regiones donde la música forma parte del acervo popular. Especialmente, el Norte, donde nació el maestro Sorozábal. ¿Por qué en Guipúzcoa y en Vizcaya se tiene más sentido musical que en otras provincias españolas?

¿Por qué, maestro?

— Quizás porque los hombres se reúnen en las tabernas y allí, llevados de su vocación, cantan a coro. Eso lo da el temperamento y el medio de vida y un sentido colectivo que falta en otras partes. En Andalucía, por ejemplo, canta solamente uno; los demás se limitan a hacer palmas. En el País Vasco, como en los países nórdicos, se impone, en cambio, el coro, la colectividad. Probablemente porque la costumbre la trajeron los marineros, que viajan, recogen canciones y también acaban siempre en la taberna, para cantarlas allí. Los marineros han sido siempre quienes mejor facilitaron el intercambio folklórico...

Por cierto: usted ha aprovechado muchas veces, en sus partituras, el folklore; ha recogido y ha ennoblecido los aires populares...

— Sí; me encanta hacerlo. Y siempre he trabajado el folklore popular, que en España constituye un inmenso recurso.

No hay más remedio que hablar de un tópico del que uno viene escuchando opiniones desde que era niño: la crisis de la zarzuela.

¿Está la zarzuela en crisis?

— No; lo que le pasa a la zarzuela es que está en la agonía, si es que no se ha muerto ya.

¿Pero por qué? Porque resulta que últimamente ciertos espectáculos antológicos de la zarzuela han llenado los teatros y han entusiasmado, especialmente, a los jóvenes...

El maestro Sorozábal, dirigiendo la Banda Municipal de Madrid, en los años 30.

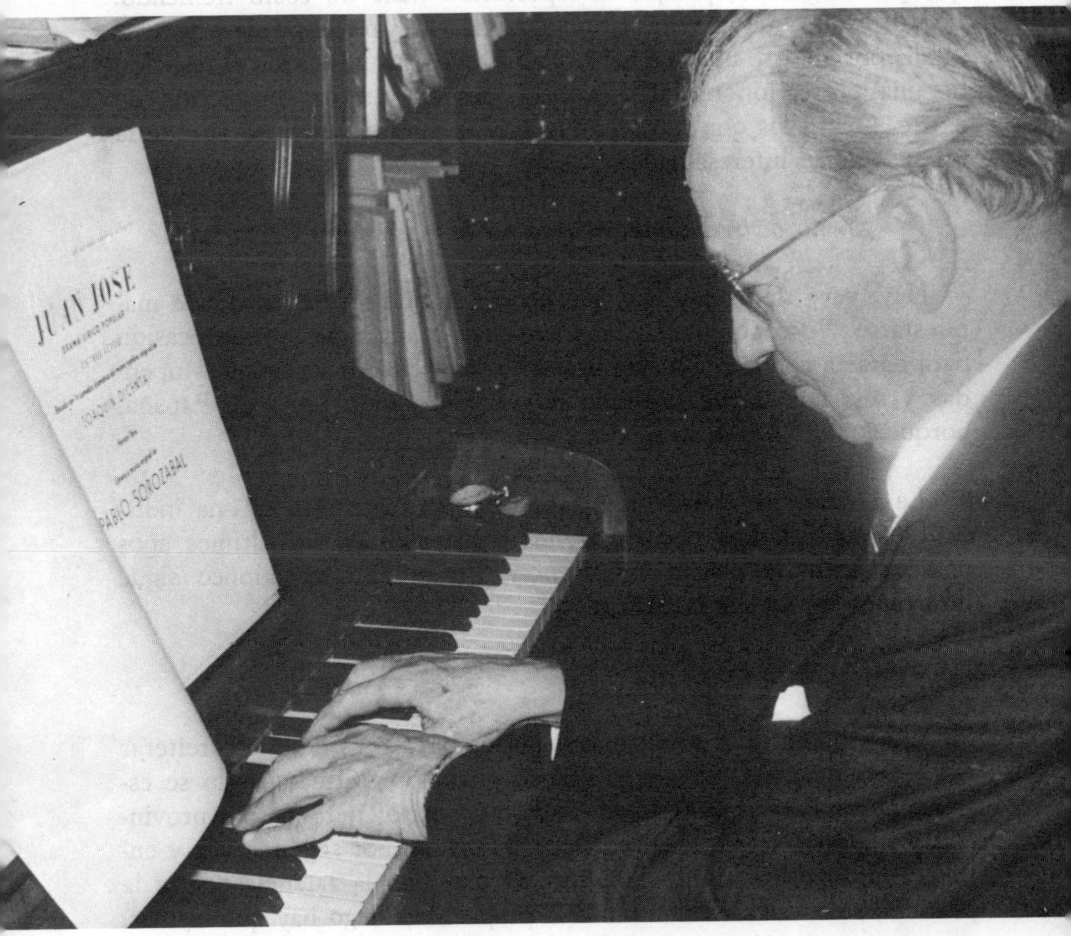

Pablo Sorozábal, al piano. En el atril, la partitura de su ópera, todavía inédita, «Juan José», sobre el drama de Joaquín Dicenta.

— Es que, efectivamente, el pueblo está deseando ver zarzuela. Me dice usted que en Madrid, esa *Antología* hizo una recaudación media de ciento setenta mil pesetas; puedo decirle yo que la compañía de José de Luna, en su jira, logró en Gijón recaudaciones de ciento noventa y siete mil pesetas. Pero a la zarzuela hay que ayudarla, hay que promocionarla, porque el espectáculo tiene un costo tremendo. Luego resulta que la gente responde. Pero casi nadie puede atreverse a salir por ahí con una compañía y con todos sus gastos sin el respaldo de una protección oficial. Entonces, resulta que esa protección no existe. Que a los que reparten las ayudas para el teatro se ve que la zarzuela no les interesa nada...

¿Y no ocurre, también, que no hay cantantes de zarzuela?

— Hay, vaya si los hay. Lo que ocurre es que no tienen dónde manifestarse. Yo conozco voces maravillosas, que no encuentran ocasión para darse a conocer. En este momento hay catorce sopranos estupendas y seis tenores de prestigio mundial cantando fuera de España, porque aquí no tienen acomodo...

La zarzuela se mantiene a base de repertorio; esta es una indiscutible realidad. Los pocos estrenos registrados en los últimos años pasaron entre la mayor indiferencia. En cambio, el público sigue tarareando las romanzas clásicas.

¿A qué se debe esto?

— A que hacen falta compañías y no las hay. Y es necesario reiterar las representaciones para que acaben gustando. Mire; cuando se estrenó *Doña Francisquita* en Madrid, tuvo éxito; pero salió a provincias y fue un fracaso. Pero volvió a Barcelona por segunda vez y entonces alcanzó un triunfo fabuloso. Ocurre con la zarzuela que, a la primera, sólo entra en una minoría preparada; luego hay que insistir, porque cuanto más se oye, más gusta. Y es necesario darla a conocer ampliamente, ya que cuanto más la conocen más les gusta. Es lo mismo que ocurre en la ópera; las óperas que siguen representándose son las que la gente conoce y repite. En esto, la música es algo así como el whisky, que la primera vez no gusta y hay que seguir tomándolo para aficionarse...

¿Qué obra suya le gusta más?

— Estoy convencido de que mi mejor partitura es *Adios a la bohemia,* que, sin embargo, ha sido siempre de minorías y apenas se representa. Pero ésa es la que quedará, la que dará dinero dentro de muchos años... si es que entonces aún existe el género lírico.

Maestro, yo creo que el género lírico existirá siempre. La prueba está en lo mucho que se venden las grabaciones discográficas de las zarzuelas.

— Sí, en efecto; eso prueba que existe afición. Ahora, además de los discos, se venden los «cassettes». Yo calculo que vendo unos cuatro mil discos al año, que por quince series que tengo en el mercado, hacen sesenta mil...

En este éxito de los discos de zarzuela, ¿no influye que seleccionan cantantes estupendos, orquestas de categoría y coros fenomenales, como no se ofrecen en el teatro?

— Pues claro que sí. Yo tengo una zarzuela grabada por Alfredo Kraus; ¡qué duda cabe de que Kraus ya le da una fuerza comercial a la grabación! Y a ver quien puede contratarle para una temporada teatral, con las limitaciones existentes...

¿Puedo decirle una cosa? Pienso que lo que siempre quedará de la zarzuela son las partituras y que, en cambio, irá perdiéndose el espectáculo teatral. Es decir: creo que acabará la zarzuela siendo repertorio de conciertos.

— No estoy de acuerdo. Ya le he contado el éxito cercano de la jira de Luna con su compañía. Todo el mundo tiene en casa los discos; pero, además, quiere presenciar la representación escénica.

De todas sus zarzuelas, ¿cuáles fueron los éxitos mayores?

—*Katiuska* y *La del manojo de rosas,* si nos atenemos a sus rendimientos.

Usted ha compuesto generalmente zarzuelas sobre libros modernos, ajenos a las clásicas labriegas y a los tremendos menestrales...

—Sí, me ha espantado siempre el género de alpargata. En *Don Manolito* hay una romanza sobre el futbol, aunque nunca he ido a ese espectáculo. *La del manojo de rosas* trataba un asunto contemporáneo con la época del estreno. Busco libros de interés actual, no tópico.

Pero el libro, ¿es decisivo en la zarzuela? ¿No cree que las zarzuelas quedan por la música?

—No; quedan por las dos cosas. A la larga, desde luego. Lo importante es la humanidad de los personajes; el Julián de *La verbena* sigue vigente por lo que tiene de auténtico. Y el éxito de *La verbena* está tanto en la calidad sensacional de la partitura, como en la gracia y la humanidad de su libro.

Ahora, Pablo Sorozábal ha terminado una obra importante: la versión lírica del *Juan José* de Dicenta. Una auténtica ópera, a la que, no obstante, le llama tan sólo «obra lírica popular». Tamayo se la ha pedido para estrenarla en la Zarzuela. Todo es cantado.

¿Cree que el tema puede seguir interesando a la llamada «sociedad de consumo»?

—Claro que sí, porque no se trata de un problema social, sino del problema de la miseria, con todas sus secuelas. Lo que le da el lirismo es el drama pasional. Y la época, fin del XIX, con la pobreza, con el analfabetismo.

La partitura de Juan José, *¿está en línea con su música habitual?*

—Es una música en línea con el Madrid de la época. El primer acto, la taberna; el segundo, la buhardilla; el tercero, la cárcel; el cuarto, el crimen. Es mi obra más dramática, más ambiciosa y más importante. Creo que quedará.

Acabamos ya el tiempo. Aparece en la sala donde charlamos un nieto del maestro, que quizás siga algún día la tradición lírica de la estirpe.

Si alguna vez, maestro, se hubiese arrepentido de ser músico, ¿a qué se hubiese dedicado?

—Nunca me ha atraído otra cosa que lo lírico. Nunca me ha entusiasmado ser banquero o miembro de un Consejo de Administración, a pesar de los millones que parece que ganan. A mí el dinero sólo me ha interesado en cuanto me permitió vivir suficientemente.

Bajo por las escaleras, en busca de la calle de Luchana, tarareando lo de *Madrileña bonita, luz de verbena.* La letra la escribió mi inolvidable amigo y colaborador Paco Ramos de Castro...

JULIAN MARIAS

La característica típica de la juventud actual
es su abundancia de medios.

Tiene más recursos que deseos.

Ortega fue todo lo filósofo que se puede ser en este mundo.

Por supuesto, el cine es un arte.

La televisión es un instrumento magnífico, bastante mal utilizado.

JULIÁN Marías, el gran filósofo español, es casi vecino mío. Cuatro portales más abajo de mi despacho está su casa y allá voy a verle, al caer de la tarde, con un frío más que regular en la calle. Marías es hombre de extremada cordialidad, conversación reposada y (ocioso será advertirlo) claros juicios. A veces se le ponen pícaros los ojos, que tienen algo de oriental, lo mismo que el conjunto del rostro. Hablamos en una sala materialmente rebasada por los libros, que ocupan todas las paredes, todos los rincones y aún diría que parte de los suelos.

Don Julián, yo pienso que será preciso comenzar pidiéndole una definición de la filosofía que quede al alcance de todos. Porque probablemente, la idea que se tiene de ella es tópica y, desde luego, falsa. La gente suele identificar filosofía con oscuridad, cuando en realidad resulta todo lo contrario. ¿Cómo le explicaría qué es la filosofía al ciudadano medio no iniciado?

— Eso es muy difícil; tanto, que dudo que pueda hacerse de un modo inteligible sin que resulte una tontada. Mire usted, cuando uno empieza a trabajar en la filosofía, llega un momento en que no entiende nada; un momento de tremenda confusión. Se produce entonces una fase en la que uno se siente como perdido, creyendo no sólo que no entiende de filosofía, sino que no entiende de nada. Tras este período de desanimación, aparece el de la serenidad, el de comenzar a sentirse ya encauzado y al cabo del tiempo, se da uno cuenta de que lo que creía entender, no era entender; de que no había asimilado bien las cosas.

La filosofía actual o, por mejor decir, las actuales orientaciones de la filosofía, ¿suponen una ruptura con la filosofía que pudiéramos llamar clásica?

— Primero tendría que preguntarle lo que usted entiende por filosofía clásica. Pero aparte de esto, no, no hay ruptura alguna. La filosofía es siempre continuidad; la continuidad del pensamiento filosófico.

Y eso que llamamos, en el lenguaje corriente, la filosofía de las generaciones... Es decir: ¿tampoco ha habido ruptura, en cuanto a diferencias básicas, entre la filosofía de la juventud actual y la de los jóvenes de hace cuarenta años?

— Tampoco creo que pueda hablarse, estrictamente, de diferencias básicas. En el continuo cambio de la vida y de las ideas humanas, hay ciertos elementos que tienen que ver siempre con la edad; es decir, rasgos que se dan en los jóvenes precisamente porque lo son y otros, los auténticamente diferenciales, consecuencia de la época en que viven. Siempre se ha dicho que la juventud de cada momento era tremenda y no se parecía nada a la de épocas precedentes. Lo decimos ahora nosotros, lo dijeron de nosotros nuestros padres y de ellos, nuestros abuelos y así hasta el siglo que usted quiera. Claro está que la juventud de hoy tiene características más definidas; el otro día, precisamente, di una conferencia sobre esto. Y señalaba como característica tópico de la juventud actual su abundancia de medios. Cuando yo era estudiante no tenía un céntimo. Ningún estudiante lo tenía, aunque procediese de familia acomodada. Ahora, por el contrario, los estudiantes disponen de dinero abundante y, por tanto, satisfacen muchas de sus apetencias.

Lo cual les produce, en general, hastío. ¿Es así?

— Desde luego. Los jóvenes de hoy tienen más recursos que deseos. Lo conocen todo demasiado pronto y de manera demasiado fácil. Consiguen cosas aún antes de desearlas.

Ese hastío de los jóvenes, ¿deriva en lo que pudiéramos llamar una filosofía inconformista frente a la sociedad?

— Hay cosas que se dicen y hasta se repiten y que no son auténticas. El hecho concreto es que el espíritu inconformista de parte de la juventud actual es igual en el mundo entero, como son iguales los jóvenes. Parece que vistan de uniforme; no puede distinguirse a un muchacho alemán de uno norteamericano, inglés o español. El fenómeno, pues, no es original, sino mimético. Ahora bien; en cuanto al inconformismo en sí, es indudable que también lo hubo siempre en la juventud de cualquier época. Toda generación se enfrenta con las anteriores y esto es absolutamente normal.

¿Es también normal que la llamada juventud rebelde, sea de donde sea, parta de unos postulados prácticamente idénticos, no obstante las naturales diferencias que existen en las problemáticas de cada uno de sus respectivos países?

— El problema consiste en que siempre existen motivos de protesta; pero es imprescindible saber el grado de sinceridad que hay en ella. También es cierto que el número de jóvenes (me refiero ahora a estudiantes) que llegan a la protesta en forma violenta es mínimo, comparado con la totalidad de los censos universitarios. Puedo hablarle de las Universidades de Estados Unidos, que conozco bien y en las que hay ciertos grupos en esa actitud levantisca. Pero son muy pequeños en relación con el número de Centros universitarios y de estudiantes.

A propósito de la Universidad norteamericana, don Julián: ¿encuentra diferencia entre los universitarios españoles y los de USA?

Julián Marías: «A veces se le ponen pícaros los ojos, que tienen algo de oriental.»

El maestro, disertando. Aquí o quizá en los Estados Unidos.

—Bueno, ya sabe que yo no enseño en la Universidad española. Sin embargo, creo que la conozco, a través de mis hijos y de sus amigos. Sí, hay mucha diferencia. Tengo la impresión de que la actitud del alumno en las Universidades americanas es mucho más confiada y abierta hacia los profesores y hacia la propia Universidad. Por experiencia personal puedo decirle que cuando explico cursos en los Estados Unidos, veo que mis alumnos se sientan en las clases con una especie de avidez alegre, como la gente que se sienta a comer con muy buen apetito. El universitario acoge al profesor con esperanza y simpatía; luego, eso sí, resulta muy crítico si el profesor le sale mal.

¿No será también que en España hay una gran parte de universitarios sin vocación, que estudian la carrera por razones ajenas a sus propias inclinaciones?

—No sé; yo sólo puedo hablarle de mis tiempos de universitario y asegurarle que aquellas promociones de la Facultad de Filosofía y Letras, eran estupendas y no se daba en ellas el caso que usted apunta. Claro que en aquellos años, el profesorado de la Universidad madrileña era admirable; de lo mejor de Europa. Imagínese que se reunían en nuestra Facultad maestros como Ortega y Gasset, García Morente, Zubiri, Américo Castro, Albornoz, Besteiro, Salinas, Lafuente Ferrari... Además, los alumnos hacíamos amistad con los catedráticos. Mi amistad con Ortega comenzó, precisamente, en la Universidad, siendo yo alumno suyo. Y duró entrañablemente hasta su muerte...

Julián Marías, discípulo fiel y admirador constante de don José Ortega y Gasset. Es forzoso recordar al ilustre maestro, que tan profunda huella dejó en la intelectualidad española de los años veinte y treinta.

Alguien escribió alguna vez que Ortega, más que un filósofo, era un pensador...

—Bien, tampoco hay tanta diferencia entre filósofo y pensador. Pero quede claro que Ortega fue todo lo filósofo que se puede ser en este mundo y, además, el pensador español contemporáneo más creador. No creo que haya existido otro en este siglo con tantas ideas nuevas.

¿Sigue vigente el ideario orteguiano?

— Absolutamente. Sus ideas continúan teniendo plena actualidad y plena profundidad. Y en cuanto a influir en dos o tres generaciones... De verdad, en España no hay nadie que piense sin llevar algo de Ortega dentro. El obligó a la gente a ser original; por eso, quien se sienta auténticamente orteguiano, debe ser distinto de él.

Me lee Marías unos párrafos del maestro sobre los peligros de la juventud española de los años treinta que resultan estremecedoramente proféticos. Comentamos la admirable calidad literaria de Ortega y Gasset («Su filosofía sólo podía expresarse con esa claridad literaria», me comenta). Le hablo de su indudable influencia en José Antonio Primo de Rivera y del capítulo que, al respecto, dedica Muñoz Alonso en su obra *Un pensador para un pueblo,* que Marías todavía no conoce.

Pero a Ortega, ¿se le ha valorado auténticamente en toda su enorme talla?

— Depende. En Alemania siempre ha sido enormemente conocido. En los Estados Unidos también se lee mucho. En cambio, en Francia y en Italia se le conoce poco, quizás porque se trata de países nada abiertos para los talentos que no son suyos.

Llega el fotógrafo. Julián Marías identifica en seguida la marca y serie de su máquina y charla con él sobre técnica fotográfica. Resulta que el filósofo es un gran aficionado. Del tema de la fotografía pasamos al muy cercano del cine. Marías es uno de los contados intelectuales españoles que han prestado atención al llamado «séptimo arte». Le ha dedicado conferencias, ensayos e incluso, desde hace años, escribe semanalmente sobre películas en un semanario.

¿Desde cuándo le viene esa afición al cine?

—Como espectador, desde siempre. Intelectualmente, desde 1947 cuando publiqué la *Introducción a la filosofía,* en la que existe un capítulo dedicado al cine. Por cierto que la primera crítica que tuvo el libro fue la de un tratadista cinematográfico, Carlos Fernández Cuenca.

¿Su primera vivencia como espectador de películas?

—No sé; de niño iba bastante al cine, luego dejé de hacerlo y volví de nuevo cuando ya estaba en la Universidad. De esos recuerdos infantiles queda la memoria de aquellas películas en episodios...

Ahora mismo se está hablando y escribiendo mucho sobre la crisis del cine, en cuanto fenómeno artístico. ¿Qué le parece?

—Si bien se mira, todo está constantemente en crisis. La misma vida es una crisis general. Pero no creo que el cine, artísticamente, esté en crisis. Al contrario; yo entiendo que siempre hay un número de películas muy interesantes, sobre la totalidad de las que se estrenan. En este sentido, quizás pueda legítimamente afirmarse que el porcentaje de películas importantes es superior al de obras teatrales o al de libros.

Aparte las grandes realizaciones de la técnica, ¿cree que el actual cine ha superado la calidad del cine mudo de los años veinte?

—Superar, superar... Realmente, yo creo que la obra artística de gran valor, en cualquier época, no es superable. En Estados Unidos he visto recientemente viejas películas silentes colosales; una de Murnau, otra de la serie de *Fantomas*... Ahora bien, también es cierto que nos acordamos de éstas y olvidamos las muchas malas que también se hicieron entonces y que luego nadie ha vuelto a ver. Hoy también se hacen grandes películas; hoy el cine tiene medios que antes no tenía y además, en muchas más direcciones.

Incidamos en una vieja polémica: el cine, ¿es arte?

—Por supuesto. Arte y otras muchas cosas. Es un arte complejo, sin un autor único. Es una obra de equipo.

Los impugnadores del cine como arte le achacan la temporalidad de la materia en que se reproduce...

—Pero eso nada tiene que ver con el concepto estricto del arte. También una escultura en madera puede quemarse.

¿Qué maestros destacaría en este arte del cine?

—Bastantes, muchos. Ni que decir tiene que no sólo directores; también hay actores que han sido auténticos creadores. Greta Garbo, por ejemplo.

Caigo en la penosa tentación de hacerle a Julián Marías una pregunta-tópico, una de esas preguntas que debíamos desterrar en estas conversaciones, pero que la rutina nos endilga de vez en vez.

¿Cuál ha sido la película que más le ha impresionado?

—¡No, no, imposible! —se queja, muy justamente, Marías—. Yo no creo en los escalafones; creo en las jerarquías. Hay películas de primera categoría que no pueden compararse entre sí, como no se pueden comparar Unamuno y Valle Inclán, por ejemplo. No tiene sentido eso de decir cuál es la mejor o la que más recuerdo le ha dejado a uno...

Es verdad; perdóneme. De la pantalla grande pasemos a la pequeña. ¿Le interesa la televisión?

—Como invención, me parece admirable y a veces, lamento no verla casi nunca. Pero también me repele bastante y entonces, prefiero no haberla visto. La televisión es un instrumento magnífico, bastante mal utilizado. No me gusta ver en televisión películas de cine, porque encuentro que se perjudican. En el cine, la pantalla ejerce una succión sobre el espectador, lo absorbe, le hace sentirse solo (en esto se diferencia fundamentalmente el cine del teatro). En la televisión, la abstracción es imposible. No sólo por el medio ambiental, sino por esos inacabables anuncios, que cortan las situaciones...

El cine, la televisión, ¿tendrán sobre la actual civilización la misma influencia que tuvo en las anteriores la imprenta, es decir, el libro?

— No. Se mueven en otro plano. El fenómeno del libro es radicalmente distinto al del cine, aunque desde luego, nuestra cultura sea mucho más visual que las anteriores. Nosotros acabamos muchas veces viendo la realidad con ojos cinematográficos.

Hay que terminar. Charlando con Julián Marías, el tiempo se escapa como el agua entre las redes.

La filosofía, ¿ha influido en su temperamento, en su forma de ser, en su «yo»?

— Bueno, creo que si no me dedicase a la filosofía, no sería yo; sería poco feliz y me aburriría mucho.

Pero además, ¿sería distinto?

— Claro, claro. Para mí, vivir significa vivir, sobre todo, filosóficamente.

Dejo a Julián Marías, cercanas las diez de la noche, con su «yo» a cuestas.

PILAR PRIMO DE RIVERA

En España, todavía a la mujer le cuesta incorporarse a una vida activa fuera de casa.

Sin embargo, en los últimos años las españolas han experimentado un cambio total de mentalidad.

Aunque seguimos siendo el sexo débil, por razones morales y fisiológicas.

Por supuesto que la mujer también debe hacer política.

PILAR Primo de Rivera, con méritos más que sobrados para haber andado siempre por las columnas de la actualidad, de la vida social y del relumbrón tan al uso, prefirió desde hace mucho, entregarse a una admirable y silenciosa tarea, que ha cumplido y sigue cumpliendo con un mucho de humildad franciscana, de recato conventual. Creo que en el país se la quiere y se la admira precisamente por esto; porque nunca pretendió valorar un apellido que le daba derecho a tanto. Todo lo contrario; juzgó que ese apellido le exigía más que a nadie y, hablando poco, trabajó mucho. Al revés de la mayoría...

La veo, al mediodía, en su despacho de la Delegación Nacional de la Sección Femenina. Es un despacho sin el menor exceso ornamental, con los muebles precisos, con cierto desorden en su mesa (que Pilar denuncia, un tanto avergonzada), con una sensación absoluta de estar destinado sólo al quehacer de cada día. Unas fotos en la pared: el Marqués de Estella, Fernando y José Antonio Primo de Rivera, Franco, Raimundo Fernández-Cuesta. Y Santa Teresa, presidiendo.

Pilar, ¿existen diferencias sustanciales entre el rendimiento de la mujer y del hombre en la sociedad de hoy?

— En España, todavía sí, aunque mucho se ha conseguido. En parte, por falta de costumbre; en parte, porque a la mujer todavía le cuesta incorporarse a una vida activa fuera de casa. Pero aún las que pudiéramos llamar más caseras, ya se interesan por cultivarse y producir, sin romper por otro lado la armonía y las responsabilidades familiares. Cosa muy importante, en cuanto éstas son también servicio a la sociedad.

¿Qué cambio fundamental ha experimentado la mujer española en los últimos años?

— Creo que un cambio total y absoluto de mentalidad. Y aunque no me corresponda a mí decirlo, debido en mucha parte a la Sección Femenina. La mujer de hoy no es para nada aquella ñoña de anteguerra, sino una mujer resuelta, responsable, que estudia, que trabaja, que hace deporte, con una formación profunda en la mayoría de los casos y una seguridad en sí misma para enfocar el porvenir, sin perder por eso femineidad.

Le pregunto a Pilar por los «bikinis» y las minifaldas. Creo que no hay otro remedio. Vamos, pues, allá:

¿Son compatibles «bikini» y minifalda con el espíritu religioso y la vida familiar de la mujer?

— Yo pienso que todo depende del espíritu y la limpieza de las intenciones. A primera vista, quizás no parezca compatible, por lo que tiene de provocador y descarado; pero quizás hay otras cosas aún peores, que no se ven y por las que se pasa. Todo depende, también, de hasta donde lleguen la minifalda y el «bikini» porque no puede olvidarse que hay un límite moral del que ya no es hacedero pasar sin grave riesgo, cuando menos, de escándalo y provocación.

El nivel cultural de la mujer española, ¿está en línea con el de las demás mujeres europeas?

— Ahora casi sí, a juzgar por el gran número de chicas que estudian y aún por el de las que, sin seguir una carrera propiamente dicha, se cultivan por su cuenta. Lo que pasa es que todavía arrastramos los fallos de las generaciones pasadas. Y este haber empezado más tarde es lo que mantiene ese desnivel con respecto a otras naciones que empezaron antes.

El teléfono corta el diálogo. Llaman a Pilar desde una provincia; cuestiones de trabajo. Lula de Lara, que asiste al diálogo y aporta de vez en vez sus inteligentes comentarios, aprovecha la pausa para evocar la calidad de varios amigos comunes. Sigo con Pilar.

Escógeme cinco mujeres en la Historia que constituyan para ti el símbolo de la mujer española...

— Pues mira, limitándonos a las que ya no existen, Isabel la Católica, Santa Teresa de Jesús, María de Molina, Beatriz Galindo y Sor María Jesús de Agreda. También, todas las que contra las invasiones extranjeras y en la guerra nuestra, supieron reaccionar, cada una en su sitio, en defensa de la independencia y la unidad de la Patria.

Iba a continuar preguntando, pero Pilar Primo de Rivera no ha terminado. Y sigue diciéndome:

— Pero, aparte de ellas, a mí me parece que el símbolo de la mujer española lo constituye también toda aquella que es capaz, inteligente y valientemente, de educar a sus hijos; de compartir con el hombre todos sus mundos: intelectuales, artísticos, de trabajo... Y más si ese hombre es importante. Hay infinitos casos de éxitos o de fracasos debidos a la falta de colaboración o por el contrario, a su ayuda. Un ejemplo extranjero: madame Curie. Luego, hay también en España un grupo muy estimable de mujeres escritoras; nombrando sólo a las desaparecidas, te recordará a la Pardo Bazán, Concha Espina, Mercedes Gaibrois y tantas otras...

Tema siempre en candelero es el de la igualdad de oportunidades entre el hombre y la mujer. Sin embargo, la integración no es aún total en España.

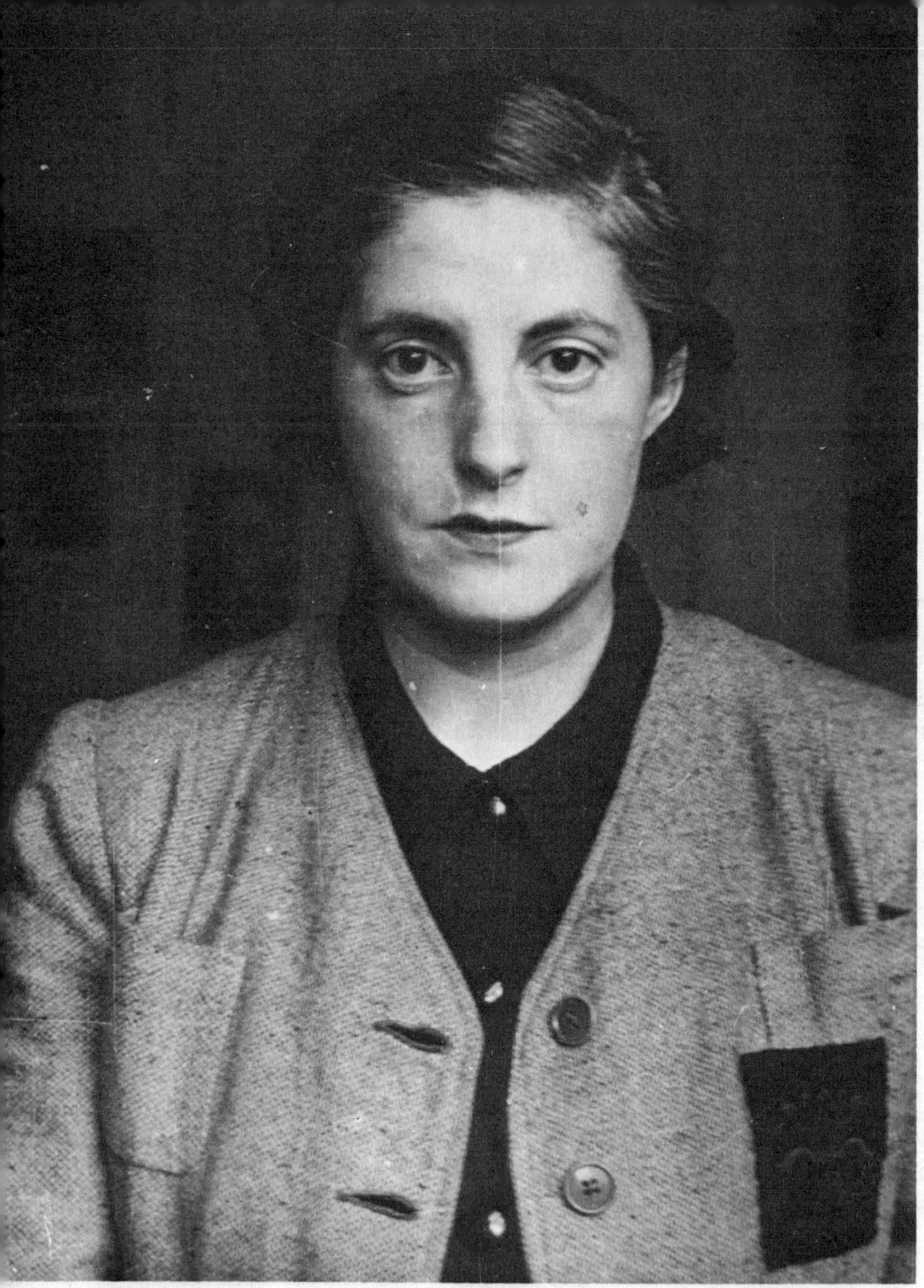

Pilar, la «camarada Primo de Rivera» de la inmendiata posguerra

Pilar llega al Consejo Nacional para intervenir en sus deliberaciones.

¿Qué falta para conseguirla?

—Sobre todo, que se acostumbre la sociedad a que esto es así y no siga poniendo trabas.

De cuanto, bajo tu dirección, ha conseguido la Sección Femenina, ¿qué te satisface más?

—Haber logrado hacer una mujer equilibrada en todos los órdenes de la vida, ni ñoña, ni sufragista, sierva de Dios, servidora de la Patria y culta. El modo de ser que para los falangistas quería José Antonio. Haber contribuido también, en colaboración con la enseñanza estatal, a elevar el nivel medio de educación de los españoles a través de nuestras instituciones. De todas maneras, siempre quedan insatisfacciones que procuraremos remediar.

Ha hablado Pilar, por vez primera, de José Antonio. ¡Cuántas cosas se le ocurren a uno para preguntarle sobre su hermano! Pero no es momento; el tema del fundador de la Falange es tan sugestivo, tan profundo, tan hermoso, que creo que sólo puede tratarse a niveles que escapan de esta ocasión. Le comento que en un libro de Julián Zugazagoitia, que acabo de leer, el que fue Ministro de Negrín dedica elogios constantes a José Antonio y a su padre, el General. A Pilar se le alegran los ojos al comentar:

—Sí, la verdad es que, a medida que pasa el tiempo, se va haciendo mayor el respeto y aún el elogio hacia mi padre y mi hermano, incluso por parte de aquellos que fueron sus adversarios políticos.

Y es que al final, la Historia acaba dejando las cosas en su sitio. Lástima que, en ocasiones, tarde demasiado tiempo en hacerlo.

¿Eres partidaria de que la mujer casada trabaje?

—En tanto, en cuanto no perjudique con ello la integridad familiar y, sobre todo, el cuidado de los hijos menores, para quienes la madre es insustituible. Claro que hay circunstancias especiales, para las que sería necesario arbitrar soluciones también especiales. A ello tiende un proyecto de la Sección Femenina, todavía en estudio, donde, sin impedirle totalmente a la mujer casada el trabajo, se le hace compatible con las responsabilidades familiares.

Pilar, ¿es justo que se os siga aplicando a las mujeres el apelativo de «sexo débil»?...

— Creo que sí, por muchas circunstancias morales y fisiológicas.

Si estuviese en tu mano dictar una sola ley que afectase básicamente a la mujer española, ¿cuál sería?

— Lo tendría que pensar.

Y no se por qué, hacemos otra digresión para hablar de José Antonio. Quizás porque me sigue reconcomiendo la idea de que debía preguntarle sobre él, sobre la infancia que compartieron, sobre la hermosa misión política que emprendieron juntos, sobre tantos detalles de la humana intimidad del Fundador, que están todavía por revelar y que tanto servirían para que las generaciones jóvenes fuesen capaces de calibrar, en toda su poderosa personalidad, a aquél que hace cuarenta y tantos años movilizó las ilusiones de los jóvenes que entonces tenían la edad de éstos de ahora. Pero, decididamente, no es momento de insistir sobre esto...

Terminemos, Pilar. La mujer, ¿debe hacer política?

— Por supuesto que sí. La mujer, como el hombre, es un ser político que tiene que llenar esa dimensión de su naturaleza. Por otro lado, la política es servir a la Patria. La Sección Femenina nació sobre todo para eso, para servir dentro de los postulados políticos de José Antonio, al destino de España. Además, eso no es nuevo: la historia está llena de mujeres que se han entregado a la política de su patria. Ahí tienes, ahora mismo, a Indira Gandhi y a la que fue

Jefe del Gobierno de Israel y a María Estela Perón. Definitivamente, creo que la mujer puede y debe hacer política.

Tiene Pilar una cierta nostalgia en sus ojos, da como una sensación de dulce cansancio. Y al tiempo, de firme entereza, de vigilia constante en el esfuerzo. No fuma. Ha arreglado el desorden de papeles y libros de su mesa, para que el fotógrafo disparara sus «flashes». Quizás sea ésta la única muestra de coquetería que he podido observar en ella. Está como muy en el presente y vertida hacia el futuro, como una consecuencia de su inmarchitable devoción al pasado. Hay en ella algo de mística introversión; puede que de insatisfacción, dentro del legítimo orgullo de haber comandado una labor trascendental y fructífera. Estoy seguro de que no es persona que podamos juzgar en esta generación; que serán las venideras quienes reconozcan sus méritos y sus logros, que siempre procuró difuminar con su modestia. Se nota en seguida que aprendió en casa lo del «servicio y sacrificio», que ha ido poniendo en práctica como si tal cosa.

Me acompaña hasta la puerta. Salgo con la difícil alegría que produce haber confirmado de cerca la impresión que uno tenía, previamente, de una persona admirada. Casi nunca ocurre; porque en estos casos, la desilusión suele ser inevitable. Con Pilar, no.

JOSE MARIA PEMAN

Mil veces predije que era imposible que me dieran el Premio Nobel.

Nunca ostenté ningún cargo político;
el tema político lo uso solamente como escritor.

En el teatro, el peregrinaje hasta llegar al empresario es siniestro.

La televisión es todo lo contrario a la oratoria.

No me imagino a Don José María Pemán viviendo en otro barrio de Madrid que no sea éste donde, efectivamente, vive; este barrio aún tranquilo, aún señorial, aún silencioso, que tiene como fronteras, por arriba, la verja de los Jardines del Buen Retiro y por abajo, el asfalto trepidante del Paseo del Prado. Barrio lleno de sugerencias y de atractivos, de calles sin estrépito y de nobles casas sin «boutiques» ni cafeterías en los bajos. El Ritz, con su prestancia de la «belle époque», parece hacer guardia permanente, defendiendo de una invasión de ritmos «ye-yés» a las manzanas del entrañable barrio de la Academia. Justamente enfrente de ella —enfrente de la docta casa, que «limpia, fija y da esplendor»— tiene Pemán su vivienda madrileña. Desde sus balcones se ve también el Museo del Prado. A doscientos metros de aquí vivió y murió Pío Baroja. También Concha Espina pasó en este mismo barrio sus años últimos.

Al piso de Don José María se llega en uno de esos viejos ascensores, con verja muy complicada, caja de madera fina trabajada y limpios espejos que a mí —lo que son las cosas— me inspiran mucha más confianza que los otros, con armadura metálica y todo automático, que ahora se llevan. El piso de Pemán parece estar en constante vigilia de mudanza o, al menos, de viaje del señor. Debe ser porque, en efecto, nuestro académico anda siempre a caballo entre su Cádiz querido y este Madrid que le reclama. Va y viene, viene y va, y entre medio, hace escalas en mil sitios donde quieren escucharle y admirarle en persona.

Don José María, de usted se viene hablando en los últimos años como candidato al Premio Nobel de Literatura, y sin embargo, siempre queda fuera. Con la mano en el corazón, don José María: ¿ha pensado en la posibilidad de ganarlo?

— Cien y mil veces he predicho y he declarado que lo considero absolutamente imposible...

Habla Pemán lentamente, arrastrando un suave y dulcísimo acento andaluz, acompañando las palabras con un gesto muy personal de sus manos.

¿Cree que los «Nobel» reflejan auténticamente la categoría literaria de cada país? Es decir, ¿a más Premios «Nobel» más calidad en una nación? Porque, de ser así, España estaría casi en la cola...

— Generalmente, nunca se han equivocado al dar los «Nobel». Todos, hasta hoy, han estado bien concedidos. Si se repasa la lista de los «Nobel» ocurre lo mismo que si se repasa la lista de académicos: están casi todos los que tenían que estar. Hay alguna ausencia; pero los que están, están con toda justicia. Mire; yo me encontraba en Suecia precisamente el día que le dieron el «Nobel» a Pasternak. Algunos hablaron luego de intereses políticos; la verdad es que el premio lo tenía más que merecido. Lo que ocurre es que Suecia es una nación relativamente pequeña y la selección para los «Nobel» se lleva todo el año. Procuran documentarse, enterarse, valorar nombres y personas. Evidentemente, están más sincronizados, por mentalidad y conocimientos, con los países sajones que con los latinos. Pero su buena fe, su honestidad, quedan fuera de toda duda...

Bien. Pensemos que es así. Cambiemos de tema y hagamos ahora una interrogación-tópico:

Entre sus actividades —poesía, teatro, periodismo, oratoria, biografía—, ¿cuál le produce mayor satisfacción, en cuál de todas ellas se siente más cómodo?

Pemán también me contesta con una respuesta-tópico:

—Es como si me pregunta a cuál de mis hijos quiero más... En el momento en que uno está cultivando una cosa, le gusta aquello que está haciendo. No obstante, creo que la poesía es la más orgánica de mis actividades. Se puede declamar, representar en teatro... Digamos que es más sustantiva, que es como un derecho de la personalidad, frente a los otros géneros que son derechos adjetivos.

(Don José María es también Abogado. Creo que ejerció en sus años mozos. Mantiene aún una estupenda capacidad dialéctica, un gran sentido de la defensa, como veremos en seguida).

Ultimamente ha adoptado usted actitudes muy políticas; en realidad, se ha definido políticamente de forma rotunda, como monárquico. Algunos le han criticado...

—Sencillamente: como siempre hice, yo he comentado la vida que pasa. Durante toda mi vida he tocado, en mis artículos, los temas sociales en un ochenta por ciento y los políticos, en un veinte. Las «Cartas» que escribí en 1942 eran, en su integridad de tema político. Ahora, como en España se ha generalizado más la cuestión política la trato en mis artículos. Pero nunca lo he hecho como político; nunca ostenté ningún cargo político.

Sin embargo, también se le ha criticado por algunos, que tuvo usted una época de «camisa azul» y que ahora, su tendencia ideológica es totalmente distinta...

—Siempre hay quien se mete con uno. No le digo nada lo que me atacaron cuando escribí contra la República, en los años treinta. Pero lo cierto es que yo uso el tema político como escritor, no como profesional de la política. Y por eso me creo más equilibrado que los auténticos políticos, porque procuro no perder nunca la cabeza, ni los nervios, ni mucho menos, llegar al insulto.

José María Pemán, en los años 30. Es entonces, sobre todo, el autor de una comedia polémica: «El divino impaciente».

Los años y las enfermedades han pasado sobre Pemán. Foto de 1975.

Ideológicamente, ¿se encuentra en la misma línea que hace teinta años?

— Sí... Yo no he pertenecido nunca a ningún partido. Solamente durante la Dictadura de Primo de Rivera fui de aquel grupo que entonces se formó. Durante la guerra civil, el Generalísimo me nombró Consejero Nacional; era una época en que el Consejo apenas se reunía...

Creo que el tema no le es grato a Don José María. Además, el tiempo corre, y Pemán tiene prisa; le espera un compromiso social. ¿Hablamos ahora de teatro? Pemán es el autor más característico de ese «teatro de chocolate y picatostes» que le gusta tanto a la burguesía española y que repudian, también tanto, los jóvenes con melenas.

Don José María, ¿usted empezó a escribir teatro por auténtica vocación dramática o porque se trataba del único género literario que en España produce auténticas ganancias al escritor?

— Mire, yo tuve empresa antes de escribir mi primera comedia, que fue, como sabe, *El Divino Impaciente.* Desde luego, el teatro es el género literario mejor retribuido en el país; pero aparte de eso, tiene para mí un especial atractivo: que todo se resuelve en veinticuatro horas. Me parece un poco brutal esto de los estrenos, pero me gusta.

¿Y por qué escribe tan poco teatro últimamente?

— Porque el peregrinaje hasta llegar a un empresario es siniestro, como usted también sabe. Porque hay que estar muy metido en ese mundo interno y andar todo el día detrás de la gente. Quizá yo esté mal acostumbrado. Pero tengo tres o cuatro comedias acabadas y ahí se han quedado...

¿Qué le parece el teatro que hoy se lleva? Ionesco, Albee, Brecht...

—Me interesa mucho. Suelo ir siempre a las funciones de Cámara.

¿Le gusta Arrabal?

—Le conozco hace mucho tiempo, desde antes de ser popular, y me hace mucha gracia. Le contaré una anécdota que creo que es inédita. Hace bastantes años, estando yo en París, este hombre se puso a morir y desde el Hospital le mandó una carta a nuestro Embajador, que era Casa Rojas, en la que le decía: «Soy un escritor español, pobre y solo, que me estoy muriendo. Por favor, por favor, mándeme un confesor y una caja de bombones».

Pero este teatro —el de Arrabal, el de Ionesco—, ¿lo cree importante o lo juzga puramente temporal?

—Entiendo que tanto Arrabal como Ionesco cultivan algo que es pasajero, es el reflejo de la manera de actuar de grandes sectores del mundo actual, que no tienen una línea racional en cuanto al pensar y al decir.

Vamos a otro género: la novela. Pemán también lo ha cultivado. Le digo lo mucho que me interesó cuando la leí —hace ya años— *De Madrid a Oviedo, pasando por las Azores.* El me comenta que quiso hacer un retrato de costumbres de la época, sin ulterior trascendencia política.

¿Qué tal encuentra el actual momento de la novelística española?

—Nos encontramos en un momento en que casi todos los novelistas españoles son muy buenos. Creo que nunca han coincidido autores tan importantes como éstos de ahora: Agustí, Gironella, Romero, Cela, Arbó, Delibes, Laforet, Lera, Salvador... Y muchos otros. Desde luego, vivimos una época estupenda de nuestra novela.

Otro género, don José María en el que se le reconoce a usted un indiscutible magisterio: la oratoria. ¿Está en crisis?

— El ritmo de la vida actual hace que muchas cosas no estén acordes con la dinámica del momento. Entre ellas, la oratoria. A mí mismo me ocurre; hago pocos discursos, porque no hay ocasión de hacerlos. Y hemos pasado muchos años sin posibilidad de desarrollar la oratoria política, antes tan importante.

Sin embargo...

— Sin embargo, es indudable que a la gente le gusta escuchar a un buen orador. Y que anda uno por los Juegos Florales que se siguen celebrando por ahí y comprueba cómo sigue el público vibrando con los temas clásicos: la fe, la patria, el amor... Ahora bien; evidentemente, se ha perdido la costumbre de hablar en público. También es verdad que el tiempo actual exige otros modos, otra dialéctica, más directa, menos barroca. Ahora no va uno a salir con «Dios es grande en el Sinaí», porque no se lo tolerarían...

De todos modos, muchas veces, cuando nos sentamos frente a la televisión y escuchamos alguna perorata, sentimos cierto rubor, por lo mal que se suele hablar...

— Es que la oratoria no se puede llevar a la televisión. Resulta totalmente antitelevisiva, por su forma y por su contenido. La televisión es lo contrario de la oratoria, sin género de dudas...

Pienso: ¡la televisión es tan contraria a tantas cosas...!

TELMO ZARRAONAINDIA, "ZARRA"

Un poco exagerado, pues, cuando dijeron
que yo era la mejor cabeza de Europa después de Churchill.

Como futbolista, cumplí con mi obligación.

En el campo, a veces, sentía miedo.

Hoy en el fútbol hay más técnica, pero menos goles.

TROFEO "FARO"
CLASIFICACION POR GOLES
CAMPEON

Allá por los años cincuenta, la selección española de fútbol fue a jugar un partido a Estocolmo. En las calles de la capital sueca lucían unos carteles anunciándolo; estaba en ellos la fotografía del delantero centro Zarra y debajo decía: «La mejor cabeza de Europa, después de la de Churchill».

¿Y a usted qué le pareció aquéllo?

— Un poco exagerado, pues. Me hizo gracia, pero no lo encontré justo. Nosotros éramos jugadores de fútbol, nada más...

Estoy hablando con Zarra en la tienda de artículos deportivos y de regalo que tiene en Bilbao, cerca de la Plaza de Moyúa, y que, según me cuentan, comenzó en sociedad con su antiguo compañero de equipo Iriondo, que ahora se ha apartado del negocio. Zarra, «el ariete de la furia» (como tan certeramente le bautizó Vicente Coello), tiene unas profundas entradas en el cabello, pero, aparte de esta creciente calvicie, sigue con su aspecto vital y juvenil de entonces, de cuando remataba a gol con poderío irresistible. Aunque acaban de presentármelo, se trata de una de esas personas con las que uno se siente prontamente confiado. Me parece un vasco clásico, muy macizo de conciencia, muy fiel en sus afectos, muy auténtico en todos sus actos. Y en el fondo, bastante ingenuo, algo infantil...

Zarra, cuando usted metió aquel famoso gol a Inglaterra, en los Campeonatos de Río, yo, que tenía la carrera recién ter-

minada —hacía apenas una semana— me sentí en la obligación de emborracharme un poco, con varios compañeros que derivaron asimismo hacia el patriotismo gracias al fútbol...

— Yo sentí también alegría inmensa. Por lo que se trataba: era partido base. Pero no sé si fue la alegría mayor de mi vida como futbolista; muchas he tenido además. Siempre que ganábamos partido difícil, siempre que Athletic quedaba campeón. Piense que jugué muchos partidos trascendentales, lo mismo con la selección que con Athletic...

Telmo Zarraonandía, ¿les dice algo este nombre a los chavales que ahora acuden a los estadios? Daba gozo verle correr cara a la portería contraria; sus cabezazos eran todo un espectáculo: sus remates a gol tenían la potencia de un cañonazo, dicho sea sin ninguna hipérbole. Ya lo he dicho antes: «el ariete de la furia». Pero, ¿nunca tuvo miedo Zarra en un campo de fútbol?

— En algunos momentos, sí, como todos. Hay jugadas peligrosas, en las que uno se mete sabiendo que se la juega. Ahora; precaución previa, nunca tuve. Luego, en el campo, a veces sentía miedo. Pero me aguantaba y echaba hacia adelante.

¿Cómo ve el fútbol actual?

— Hoy no se juega como en mis tiempos, esto es evidente. Hay más técnica. Y el delantero centro se coloca retrasado y anda por todo el campo. Entonces estábamos en la boca del gol. Lo mismo yo que todos los de la época...

Esta evolución, ¿es para bien o para mal?

— ¡Qué sé yo! Goles, ya se marcan menos. Y debe ser por eso, ¿no?

Pero Di Stéfano jugaba así, detrás, y, además, era goleador...

— Jugadores como Di Stéfano pocos hubo. Con los dedos de la mano se cuentan. Kubala y alguno más.

Oiga, Zarra, de sus tiempos de futbolista ¿qué mal recuerdo le ha quedado?

— Ninguno. Todo estupendo. Me gustaba tanto, que disfrutaba en el juego. Bueno; cuando se perdía, puede. Pero pienso que alcancé cuanto soñaba de chaval. Quizá más. Me hubiese conformado con bastante menos. ¿Cómo tener ahora malos recuerdos? Imposible, pues.

Todo un hombre, créanme. Así es este mocetón que aún se emociona cuando evoca sus tardes de triunfo por esos campos de Dios. Este futbolista al que sólo se le recuerda con una camiseta: la clásica blanquirroja del Atlético de Bilbao.

¿Por qué?

— Nosotros, entonces, estábamos muy contentos en el Athletic. Era como estar en casa... era el único equipo regional de verdad.

¿Y si fuese ahora?

— Pues no sé. ¡Todo ha cambiado tanto! Pero creo que tampoco saldría del Athletic. También los chavales de ahora veo que están contentos aquí.

Zarra, ¿usted quiso imitar a alguien, se miró en el espejo de algún otro delantero centro?

— Cuando chaval me entusiasmaba Lángara. Mi hermano mayor, que jugó de portero en el Arenas y en el Oviedo, me escribía siempre que era fenómeno. ¡Vaya que lo era! Al cabo de los años fue suplente mío en la selección nacional, cuando jugamos en Dublín. Cosas de la vida, ¿sabe?

Telmo Zarraonaindía, promocionando sus productos: el balón «Zarra», que vende en su establecimiento.

La mirada nostálgica del «ariete de la furia» repasa un muestrario gráfico de sus glorias deportivas.

De los delanteros centro de sus tiempos, ¿con cuál se queda?

—Difícil o así. Hubo muchos colosales. Martín, Mundo, César, Pahiño, Campanal... Y otros, otros también.

Vamos a intentar seleccionar el equipo ideal de su época, Telmo...

—No, no me atrevo. Quedaría mal con amigos. Olvidaría nombres. Difícil de hacer...

Yo le ayudo. ¿Porteros?

—¡Casi nada! Extraordinarios había. Ignacio Eizaguirre, Ramallets, Lezama, aquél Echevarría que se puso enfermo y jugaba con nosotros en Athletic; Martorell, Trías, Acuña.

¡Hombre, Zarra, eso no vale! Hay que concretar

—Difícil, difícil de hacer. Piense en los defensas... Los del Athletic Aviación, que ahora es Athletic de Madrid: formidables, corpulentos, segurísimos. Y los del Valencia, Alvaro y Juan Ramón. Y los nuestros. Y muchos. Los defensas de entonces no eran como los de hoy en día, que se dedican a armar el juego desde atrás...

¿Y los medios? El medio centro le marcaba a usted, ¿no es eso?

—Yo luchaba contra todo el mundo; a mí me marcaban todos. Porque también entonces se marcaba mucho, ya en mi primera época. ¡Vaya si se marcaba!

¿Había cerrojos entonces?

—Había. Y como ahora, el juego de los extremos era fundamental para hacer goles. Iriondo y Piru Gaínza fueron mucho para mí. Se lo digo de verdad.

Todo lo dice de verdad Zarra, que de vez en vez pide excusas y deja el diálogo en el aire para saludar a los clientes que entran de continuo en su establecimiento. Se ve que su calidad humana le ha permitido, cuando ya es «vieja gloria», perpetuar la cadena de afectos y amistades de que disfrutó en sus años gloriosos de «famoso» a escala universal.

Zarra, ¿le sirvió el fútbol para hacerse un porvenir?

—Entonces no ganábamos lo que hoy, pero a mí me valió mucho, claro. Hice amistades, conocí gentes. Lo poco que soy se lo debo al fútbol, que es pasajero en su gloria.

Con la mano en el corazón, ¿cree que ha sido un hombre importante para España?

—¡Qué sé yo! He cumplido siempre con mi deber, eso desde luego, y he satisfecho una afición.

¿Echa de menos aquella popularidad, aquella fama, aquella constante actualidad?

—No, no. ¡Bah! Todo se pasa en la vida. Aunque al principio duele algo, ¡pues claro que duele! Es como cuando a un empleado le jubilan. Pero los futbolistas nos jubilamos muy jóvenes y es peor. Hay que comprender que los chavales vienen empujando y hay que dejarles pasar…

Cuando juega partidos de esos de «viejas glorias», ¿no le tienta volver al fútbol?

—Bueno, ahora ya no juego tampoco esos partidos. Pero no es lo mismo, no. Yo tenía aquello de la vista y comprendía que ya no podía ser. Estando bien, sí que es bonito salir en estos partidos y jugar a la marcha que uno lleva ahora y divertirse, aunque se cansa uno más que antes, cuando jugaba en serio.

Una pregunta que le habrán hecho muchas veces, pero que hay que repetir: sobre los goles más importantes que ha marcado en su vida activa de jugador...

— Pues el de Inglaterra, claro, y los que le metí al Valladolid aquel mismo año en la final de la Copa, que le ganamos en la prórroga y uno al Madrid, en otra final, que ganamos uno a cero por mi gol... ¡Pero ya no me acuerdo, porque han sido tantos los goles que he metido en mi vida!

Lee uno ahora que si a los futbolistas no les hace gracia que les llame el seleccionador nacional, porque se cansan y luego rinden menos en sus clubs y que si a algunos de estos clubs tampoco les gusta que sus profesionales luzcan la camiseta colorada del equipo español.

— Para mí era siempre la mayor alegría —dice Zarra—. Y para los compañeros, también. Cada vez que nos seleccionaban sentíamos un orgullo y una satisfacción. A fin de cuentas se trataba de la culminación de nuestra carrera.

¿Pero ocurre igual ahora?

— Ahora no sé...

¿No sabe, en serio, si son los futbolistas de hoy, digamos, más profesionales que eran ustedes en su tiempo?

— Yo sólo le digo que nunca he sabido reservarme. Hombre, en algunos amistosos, claro. Pero, en general, me entregaba en todos los partidos y sólo pensaba en eso, en que había que ganar. Hasta en los entrenamientos tenía que partirme el pecho; un año me seleccionaron como suplente en el equipo nacional para un partido contra Portugal, en La Coruña, y de los entrenamientos salí titular. Eso quiere decir que era preciso darlo todo hasta en los partidos de preparación...

Zarra, «la mejor cabeza de Europa», ya saben. ¿Cuál era el secreto de sus fulminantes remates con la testa?

— Andar listo allí. Yo tenía muchas facultades y bastante inteligencia en el área... Cogí el estribillo para rematar de cabeza: colocación, anticipación, habilidad, fuerza... Chillaba mucho, lo reconozco; pedía balones y buscaba el hueco. Cosa de milésimas de segundo o así. Para lograrlo practicaba mucho de cabeza, también de pies...

¿Y cómo no se hizo entrenador?

— No me gustaba mandar. Me gustaba divertirme jugando y que otros me mandaran. Es carácter mío...

La última gran exhibición que le recuerdo a Zarra, enmarcado por sus fieles Iriondo y Venancio, a la derecha, y Panizo y Gainza, a la izquierda, fue en el viejo y ya desaparecido Estadio Metropolitano, cuando las bodas de oro del Atlético de Madrid. Los delanteros vascos pulverizaron en diez minutos a los formidos muchachos del Wacker vienés. No sé ahora exactamente; tres o cuatro goles en menos que canta un gallo. Y Zarra, casi todos ellos.

¿Cuál es su peor recuerdo de un entrenador?

— Ya no sé... Cuando le quitan a uno del equipo... Por eso, seguramente, me enfadé con Daucik. Pero ya está todo perdonado.

Supongamos que le proponen echarse quince años de encima. Perder este buen negocio que ahora tiene y volver a jugar al fútbol. ¿Aceptaría?

— Sin dudarlo un minuto. Yo, a jugar al fútbol, aunque fuese gratis.

Me lo creo. Me creo todo lo que dice Zarra, que es como un libro abierto. Y le pregunto:

¿Cuál es el mejor futbolista que ha visto en su vida?

— No puedo escoger sólo un nombre. Tendría que citar un montón...

Concretemos más, entonces: el mejor futbolista extranjero.

— Di Stefano. Pero también Kubala, Carlsson, Ben Barek. Y Mazzola, padre, aquél que murió en el accidente aéreo de Superga. Y Ademir, Zizinho, Matthews, Morthensen... Y de ahora, Pelé, Eusebio y Uwe Seeler...

¿Sigue con afición al fútbol?

— Voy bastante, sí, o lo veo por televisión. De los últimos campeonatos del mundo, que seguí con interés, me gustó mucho Portugal. En realidad, siempre me ha gustado el fútbol de los portugueses, desde mis tiempos cuando Peyroteo. Creo que lo tienen casi todo: rapidez, efectividad, buena defensa...

¿Por qué nuestra selección nacional anda en estos últimos años tan de capa caída, Telmo?

— La verdad: no me gusta opinar sobre estas cosas. Lo único que está claro es que se meten pocos goles, demasiado pocos. Pero ya los técnicos se encargarán de arreglarlo...

No quiere Zarra criticar a nadie: está claro. Prefiere echar la mirada atrás, recordar sus buenos tiempos. Aunque entonces los futbolistas viajaban mucho menos, él, se acuerda con nostalgia de los países que visitó en los desplazamientos del equipo nacional; de Portugal, de Francia, de Irlanda, de Suecia. Y, sobre todo de Río de Janeiro. Río fue la ciudad que más le impresionó.

— Además, jugamos aquéllos Campeonatos del Mundo con muchísima ilusión.

Y nos quedamos callados los dos. Como si la evocación de Maracaná se nos impusiera a todas las sensaciones presentes. Por fin, Zarra rompe el silencio, para pedirme.

— Por favor, ponga a todos bien. No quisiera faltar a nadie.

Es lunes. En las calles vocean los periódicos deportivos. ¡Lo que daría este hombre —hecho y derecho, con una vida tranquila y el porvenir resuelto— por seguir asomándose a las portadas de la actualidad, por seguir rematando a gol un medio córner sacado impecablemente por Gaínza, por Iriondo, por Elices, por Basora...!

MIGUEL MIHURA

El humorista es el gracioso que se las da de fino.

Los solteros somos hombres que nos hemos casado con nosotros mismos. Y en la mayor parte de los casos, nos llevamos fatal.

Me gusta muy poco escribir.

El éxito en el teatro depende de la suerte.

No me interesa el teatro de denuncia.

MIGUEL Mihura parece un señor que se ha puesto triste de tanto esperar el autobús. También podría ser un inconformista, un revoltoso de los que están dispuestos a poner bombas en las esquinas, persiguiendo cualquier extraña reivindicación. Sin embargo, Miguel Mihura es un buenazo hasta la pared de enfrente; un burgués perfecto que —¡lo que son las cosas, caramba!— escribe unas comedias fenomenales. Cuando le digo que quiero hablar con él para un libro de entrevistas, me contesta con su deje cansino y un tanto achuletado (Mihura habla con ese acento que se ha dado en llamar «castizo madrileño»):

— Detesto las entrevistas. En un interrogatorio con la Justicia, casi siempre resulta uno sospechoso. En un interrogatorio con un periodista, resulta uno tonto.

Pero hablamos, claro. Hablamos en su pisito de soltero, al que le ha hecho unas reformas que yo no conocía. Por ejemplo, ha empapelado las paredes con unos deliciosos dibujos que saben a Biarritz. Ya no existe aquella salita llena de fotografías, en una de las cuales aparecía uno en su juventud llamemos alegre. Ahora pueden verse cuadros de precio; un Viola entre ellos. Y varios Neville. También el inolvidable Edgar está en una foto, junto a «Tono» y a Miguel, muy tristes los tres, aunque Mihura lleve colocado un gorrito de esos de festejo obligado. Pero la sensación del trío es desoladora.

— Ya ves —comenta Miguel—. Ahí tienes a tres grandes humoristas...

Por cierto, ¿qué es un humorista?

— El humorista es el gracioso que se las da de fino.

¿Cuáles son los mejores humoristas?

— Los mejores humoristas son mis amigos. Y eso que no creo demasiado en la amistad. Como dijo alguien, los amigos son incapaces de matarte, pero no se oponen a que te asesinen los demás.

Bueno, creo que es una frase. Miguel tiene muchos y muy buenos amigos, algunos de los cuales compartimos. Pero se siente en la necesidad de decir estas cosas, porque debe responder al cliché oficial que de su persona puede existir. También se le tiene por cascarrabias. ¿Y a santo de qué, digo yo, si es famoso, ilustre, rico y soltero? Por cierto, ¿qué opina del privilegiado estado civil que mantiene?

— Los solteros somos hombres que nos hemos casado con nosotros mismos. Y en la mayor parte de los casos, somos unos matrimonios que nos llevamos fatal.

Hablemos de tu mal genio, tan comentado.

— No es que sea poco sociable. Es que lo finjo. De este modo y con toda la naturalidad, puedo rehuir todos aquellos compromisos sociales que me resultan aburridos.

¿Quizás porque eres vanidoso?

— No soy vanidoso. No soy pretencioso. Y no lo soy porque siempre pienso en aquella frase estupenda de Jules Renard: «Hay momentos en que todo os sale bien. No hay que asustarse; luego pasará».

¿Cómo es tu carácter?

— Mi carácter es tan bondadoso y tan pacífico que procuro no asistir a ninguna reunión social para no tener que enfurecerme.

Creo que no hace falta una excesiva profundidad de psicólogo para adivinar que Mihura es un tímido tremendo. Siguiendo la norma tradicional, se defiende atacando. Si bien se piensa, muchos de los personajes de sus comedias son así: hombres buenos, siempre solteros, siempre tímidos, que se han construido un mundo para ellos, del que no quieren salir. Frente al periodista, esta timidez de Miguel Mihura aflora por todas partes. Por ejemplo, cuando, sin que se lo pregunte, me dice:

— Cuando vienen a hacerme una entrevista, preparo tres o cuatro frases inteligentes para quedar bien. Es lo menos que puede hacer un escritor. Las señoras, en cambio, preparan canapés de queso. Son mucho más listas.

Yo diría que te molestan las entrevistas.

— Sí. Porque no se puede ser sincero en ellas. La única interviú que me encantaría sería aquella que me hicieran «in artículo mortis».

¿Podemos hablar de tu teatro, a pesar de eso?

— Hombre, pues claro. Mira; me gusta tan poco escribir y escribo tan de tarde en tarde, que cuando termino una comedia me quedo tan sorprendido como cuando una solterona da a luz un niño.

Esa debe ser una de las frases que tenías preparadas para este diálogo, Miguel. ¿Por qué diriges siempre tus comedias?

— No porque no me fíe de los demás directores, sino porque creo que sin intermediarios, el producto llega más fresco al consumidor. De este modo pongo en práctica esa frase tan bonita que dice: «del naranjal a sus labios».

**Miguel Mihura, en la cama,
que es donde le gusta estar y leyendo,
que es lo que le gusta hacer.**

Autor galardonado y, además, con justicia. Fraga Iribarne, Ministro a la sazón, entrega a Mihura un premio teatral.

Según algunos, el teatro que ahora escribes es inferior en calidad al que escribías antes...

— Es posible. Pero es que antes guisaba para cien personas, que era mi única clientela y ahora guiso para veinte mil. Una paella para tanta gente no puede estar siempre en su punto ni al gusto de todos.

Dime algo de los críticos.

— ¿Cómo hacer demasiado caso de los críticos, si son tantos? Es como esos que van a ver a muchos médicos. Les volverán locos, porque sus diagnósticos serán diferentes.

Miguel Mihura, autor de repetidos éxitos: cuéntanos el secreto del éxito.

— En teatro no hay que preocuparse demasiado de lo que uno escribe. El éxito o el fracaso dependen de la suerte. No es cuestión de estrujarse el cerebro; es cuestión de tocar madera.

¿Le creemos? Yo, con muchas reservas. Aunque en realidad, tenga Mihura motivos sobrados para opinar así: escribió cuando tenía 27 años *Tres sombreros de copa,* que tardaría luego veinte años más en estrenarse. De aquel apoteósico estreno arranca su plena dedicación al teatro, aunque ya antes hubiese firmado algunas comedias; una, *¡Viva lo imposible!,* en colaboración con Joaquín Calvo Sotelo. Rafael Gil la llevaría después al cine. Pero lo curioso de Mihura es que con él se ha producido un fenómeno inédito en las letras españolas: algunos guiones cinematográficos suyos —*Una mujer cualquiera, Mi adorado Juan*— se hicieron después comedias. Al revés de lo que suele ocurrir siempre...

— Es que yo escribía mis guiones pensando en teatro. Por eso fue fácil adaptarlo. En realidad, lo que me ilusionaba era el teatro, aunque en los años cuarenta me entregase al cine de forma casi exclusiva.

¿Has conseguido siempre lo que te propusiste?

— Generalmente, sí, aunque con mucho esfuerzo. Pero una vez conseguido, me he dado cuenta de que lo que me había propuesto era una solemne tontería. Esto me tiene algo desanimado.

¿Qué te parece eso del «teatro de denuncia»?

— No me interesa. Lo considero cosa de porteras.

¿Y el llamado teatro de compromiso?

— Me parece bien para aquellos que los tengan. Yo no estoy comprometido con nadie. Soy un poco anarquista y totalmente libre. Actúo en solitario.

¿Qué es el humor, Miguel?

— La gracia envuelta en papel de celofán.

¿Qué te gustaría escribir ahora mismo?

— Me gustaría escribir sólo para personas inteligentes. Pero, que yo recuerde, sólo conozco veintisiete personas inteligentes. Y cuatro han muerto ya de asco. Para tan escaso auditorio, mejor que escribir es convidarles a todos a cenar.

El pasillo de la casa de Mihura se adorna con programas diversos de sus comedias traducidas y representadas en el extranjero. *Maribel y la extraña familia (Maribel et la étrange famille)* en París y en Bruselas; *Melocotón en almíbar,* en Múnich; *Tres sombreros de copa,* también en París y Bruselas, *Carlota,* en no sé dónde. Confirmamos aquí el prestigio dramático de este autor español que ha pasado las fronteras. Aunque él nos diga una tremenda, una cruel verdad del teatro:

—El prestigio de un autor dura lo que dura su obra de éxito en cartel. Hasta que escribe otra, su prestigio se pone en duda.

De ti se dice que eres (con perdón) bastante vago. Y, sin embargo, sigues trabajando...

—Sigo trabajando porque no he conseguido realizar la ilusión de mi vida: renunciar a trabajar a cambio de que esa renuncia sea muy bien retribuida.

La forma de trabajar de Mihura es por demás curiosa. No en cuanto a la técnica, porque reconoce que empieza a escribir sus comedias partiendo de una situación o de una idea, y «a lo que salga», sino en lo que se refiere a la materialidad. Veamos:

—Sólo trabajo a gusto en las habitaciones de los hoteles, frente al mar, los meses de junio y julio. Como todas las habitaciones de los hoteles están reservadas para los turistas, ahora no puedo trabajar. La mejor ayuda al teatro que podría hacer el Ministerio de Información y Turismo sería prescindir de alguna vieja inglesa y facilitarme su habitación, que tanto necesito. Es cierto que no pago en divisas, pero a cambio de ello, como no voy a la playa, dejo libre y a disposición del Ministerio la ración de sol español que me corresponda...

Mihura empezó dibujando. También escribió —hace cuarenta años— letras de «cuplés» y está muy contento, porque acaba de enterarse ahora de que pronto dejará de pagar derechos de administración en la Sociedad de Autores, por el tiempo transcurrido desde su estreno. En *La ametralladora,* durante la guerra civil y en los primeros tiempos de *La Codorniz* dejó muestras antológicas de su humor como caricaturista. Después vino la fase de guionista cinematográfico, especialmente intensa (y brillante) en la década 1940-1950. Y el éxito de *Tres sombreros de copa* —cuando tenía cuarenta y siete años de edad— le devolvió su verdadera vocación, que es el teatro. ¿Hará falta recordar aquí sus títulos más celebrados? Con *Tres sombreros de copa* (actualísima en su estreno, pese a su antigüedad de creación, que es todo un elogio), *Maribel y la extraña familia, Carlota, A media luz los tres, Sublime decisión, Ninette y un señor de Murcia*... En definitiva, todo un cuestionario de valores teatrales, asentados sobre la normativa de la ternura, del más sano humor, del apego a las cosas pequeñitas y entrañables...

Vamos a ver, Miguel. Supón que tienes que hacer tertulia aquí, en tu casa, con cuatro personajes de tus comedias. ¿A quiénes invitarías?

— Pues mira, a «Maribel», a «Ninette», a «Paula», la de *Tres sombreros de copa*..., y no sé...

Duda, pregunta:

— ¿Estará feo traer también a un hombre?

Pues mira, no.

— Entonces a «Juan», el de *Mi adorado Juan,* que era un tío estupendo, al que le gustaba jugar al dominó.

«Maribel»; pura ternura. «Ninette»: otro tanto. «Paula»: lo mismo digo. Y «Juan», que a lo mejor resume un poco el ideal humano de su autor. Cuatro personajes en una misma línea, salidos de la pluma de este hombre que parece un señor que se ha puesto triste de tanto esperar al autobús, que también podría ser un inconformista, un revoltoso de los que están dispuestos a poner bombas en las esquinas, persiguiendo cualquier extraña reivindicación. Parece, porque es —lo repito— un buenazo hasta la pared de enfrente y ahí queda su obra para confirmarlo.

— ¡Qué lata de tiempo, chico!: Ahora sale el sol... —dice.

Anda, tómate un whisky conmigo.

— No, no; acabo de tomarme un café con leche.

Lo dicho: un burgués que escribe comedias fenomenales.

¿Qué lees ahora?

— Lo de Gil Robles. Pero es un libro gordísimo y muy difícil de leer en la cama, que es donde me paso yo media vida.

Y nos hacemos una foto en su cama, muertos de risa. Mihura pone caras al fotógrafo; caras de cascarrabias y de mala persona. Pienso que a través de su iconografía puede parecer un hombre adusto y hasta fiero. Otra vez la reacción del tímido.

— A ver qué escribes, oye; que a mí esto de las entrevistas...

Ya, ya lo sé. Te asusta un poco.

Pues bien; aquí la tienes.

BENJAMIN PALENCIA

He traído a la pintura una nueva concepción del paisaje español.

Hay un cierto paro en la juventud pictórica actual.

El abstracto no ha añadido nada; es un arte completamente ciego.

De las Escuelas de Bellas Artes ha salido muy poca gente importante.

En España ya se gana dinero con la pintura.

EL estudio es frío, o, por lo menos, está frío esta tarde. Naturalmente, lo adornan estupendos cuadros, apuntes y bocetos de Benjamín Palencia, que le dan categoría. Paisajes ocres, paisajes grises, paisajes marrones. Un extraño pez, que se sale de la temática habitual en el maestro. El maestro tiene cabeza de estudio; el pelo, gris; la mirada, inquisitiva; el gesto, noble.

Don Benjamín, ¿cuál ha sido para usted el mejor pintor de todos los tiempos.

— Piero della Francesca. Para mí, es el culminante. De los españoles, el Greco. Bueno; y si no lo consideramos español, por su nacimiento, entonces, Velázquez.

Un momento; si usted prefiere sobre todos los españoles al Greco, en esa línea, ¿no debía preferir también Goya a Velázquez?

— No, no; porque yo me siento profundamente grequiano y veo a Velázquez muy al lado del Greco: en el sentido de la realidad y en la manera de entender a España.

Don Benjamín, ¿cuál ha sido su aportación a la pintura española?

— Pues, con toda modestia, creo que la principal ha sido el descubrimiento de una nueva concepción del paisaje español, sobre todo, del castellano. He traído a la pintura una visión de ese paisaje que no tenía, por ejemplo, Zuloaga. Vengo de los últimos impresionistas y me considero un pintor totalmente actual, que ha trasladado a la pintura española ideas muy del tiempo en que vivimos.

¿Cómo juzga la evolución de su pintura? Desde sus primeros tiempos en París, hasta hoy...

— Mire, la consecuencia de esos mis primeros tiempos fue un sedimento que me vale hoy para ser más español que nunca. Hay que salir, hay que ver España desde fuera para sentirla y comprenderla. En París logré, junto a los grandes maestros, llegar a concepciones que eran consecuencia del estudio.

Habla usted del estudio. ¿En qué medida influye el estudio en un pintor?

— En cuanto nos acerca a los grandes maestros, para conocer sus técnicas, para saber cómo han interpretado su mundo. Todo eso deja un poso que después cada cual interpreta según sus sentimientos. No se trata de ir a refugiarse en la pintura de los demás, sino de ver cómo piensan, cómo crean, cómo evolucionan. Lo que un pintor joven debe hacer es aprender cómo a los maestros les viene la idea para llegar a nuevas concepciones artísticas...

Benjamín Palencia habla pausada, lentamente. Se recrea en las respuestas, desgrana sus frases con cuidado. Ahora me da por pensar que, entre todas las artes, España ha sido tradicionalmente la primera en pintura. Es decir; tenemos grandes músicos, grandes escultores, grandes literatos. Pero la obra nacional artística de mayor entidad es, desde siempre, la pintura.

¿Por qué? ¿Por qué nuestra escuela pictórica es más profunda y más universal, desde Velázquez y Goya hasta Picasso y Gris y Miró?

— Porque España es un país latino, con una cultura muy latina. Siempre hemos estado ligados a esa cultura; cuando Velázquez va a Roma, encuentra allí el paraíso de la pintura, una civilización latina y eminentemente pictórica. Este país nuestro es muy soñador; sueñan, en los libros, Cervantes y Lope y así lo capacitan para crear en una cultura plástica como ninguna otra nación la tiene. Somos superiores en esto incluso a Francia; porque siempre hemos tenido una honda comunicación con la cultura italiana.

¿Cuál es el actual momento de la pintura española? ¿Qué opina de las generaciones jóvenes?

— Hay un cierto paro en la juventud actual: no avanza. Le falta, en realidad, un gran principio de formación. Muchos de estos chicos piensan que pueden ser grandes pintores sin asomarse al arte nuevo. Quizás sea también por falta de medios...

Cuando habla del arte nuevo, ¿piensa en el abstracto?

— No, no; decir nuevo no supone decir abstracto, porque el abstracto puede también no ser nuevo. La pintura ha de ser creación; lo mismo en el mundo real que en el abstracto.

En definitiva, ¿le gusta el abstracto, maestro?

— Ya he pasado por él. Pero, en el fondo, no me gusta. No ha añadido nada, no ha evolucionado; es un arte completamente ciego.

¿Dejará huella en la historia de la pintura, como la dejó el cubismo?

— Me parece mucho menos importante. El cubismo inició una abstracción, sin ser enteramente abstracto. Luego derivó en líneas caprichosas...

El tema de las Escuelas de Bellas Artes es siempre buena fuente de polémicas. ¿Qué opina sobre esto Benjamín Palencia?

Benjamín Palencia, en «posse» de pintor en su estudio.

Palencia, frente a uno de sus personalísimos, hermosos cuadros.

— Creo que, como principio, deben existir —dice—; pero como fin, no. La prueba la tenemos en la poca gente realmente importante que ha salido de ellas. Esto se debe a la educación que allí se da a los muchachos, que fatalmente mata el principio de creación. No se les concede libertad para crear; en cuanto alguno tiene personalidad, una personalidad distinta de la del maestro, se la coartan. Porque buscan un tipo de alumnos «standard», que dominen la pura técnica, pero que no tengan inspiración. En realidad, las enseñanzas de los profesores en las Escuelas de Bellas Artes no pretenden lograr artistas, sino profesores...

Usted ha creado una escuela. Una escuela de pintura. ¿Cuáles son sus alumnos más preclaros?

Al hablar, siempre Benjamín Palencia deja ir un poco perdidamente la mirada, como si el hábito de buscar colores a los paisajes se le impusiera. El tema de su magisterio pictórico, naturalmente, le agrada.

— Sí, yo fundé una escuela, muy poco después de terminada la guerra civil, a la que se llamó Escuela de Vallecas, porque nos reuníamos allí para pintar y salíamos al campo a dibujar la naturaleza, ya que apenas había estudios en Madrid, destrozados la mayoría durante la contienda. Luego hicimos un estudio cerca de Guadalajara. De allí salieron varios buenos pintores; para mi gusto, el mejor fue Carlos de Lara, que ya ha muerto. También Francisco San José, que ahora vive en Venezuela, donde ha creado una Escuela a la que ha dado mi nombre. Y Ochoa, Conejo... La Escuela de Vallecas se deshizo después; mire, ocurre que los jóvenes quieren ganar dinero enseguida, como es natural. Pero, en pintura, al principio, no se debe ganar dinero. El dinero mata al artista en sus comienzos.

A propósito del tema. Usted, don Benjamín, es uno de los pintores españoles más cotizados en el mercado...

— Sí, creo que sí.

Y en España, ¿se gana dinero con la pintura?

— Ahora, ya sí. Ahora aquí, en Madrid, hay un mercado tan importante como pueda ser el de París. Los americanos vienen mucho a comprar. Por todo ello, un pintor joven con talento puede ganar dinero en seguida.

Sin embargo, la pintura española, ¿es suficientemente conocida en el extranjero?

— En absoluto. Yo le diría más; le diría que resulta casi desconocida por completo. Quizás en Francia, por la proximidad geográfica, se sabe algo de los pintores españoles contemporáneos. Pero en ninguna otra parte. Hablamos, claro, con abstracción de las figuras universales, como puedan ser Miró o Picasso.

Sí, claro. Es indudable que hablamos de la pintura contemporánea en general y no de tres o cuatro firmas excepcionales.

— Entonces resulta que yo he llegado a Alemania y nadie me conocía ni sabía de mi obra. Ahora llevo hechas cinco o seis exposiciones allí y ya es distinto. ¿Sabe también lo que ocurre? Que por ahí fuera son muy suyos, muy entusiastas de sus propios pintores y no dan facilidades a los que llegan de otras partes. Hay que vencer una oposición cierta. Todo lo contrario que suele ocurrir en España, donde tantas veces basta que alguien sea extranjero para que le ensalcemos desaforadamente.

No recuerdo si mi buen amigo Fernando Díaz Plaja incluye entre los pecados capitales españoles éste de la subvaloración de lo propio, con exaltación de lo importado, pero, sin duda, constituye un vicio capital del país.

— El desconocimiento que se tiene por ahí de la pintura española actual es tan grande, que nombres para nosotros básicos, como Solana, les resultan enteramente desconocidos.

Efectivamente, lo he comprobado, maestro. Y me llamó la atención y hasta puede que fuera la primera comprobación directa que tuve sobre tan dolorosa cuestión. ¿Cómo podríamos evitar esa ignorancia?

—Es tarea ardua, porque le repito que la rivalidad resulta muy grande. Las exposiciones son la mejor manera de darse a conocer; pero los chicos jóvenes no siempre pueden exponer en el extranjero, por sus solos medios...

Palencia, paisajista. El paisaje es el mejor logro pictórico de este hombre de mirada avizora. La nariz, grande, completa un rostro que resulta, a la vez, dulce y enérgico.

Su predilección por el campo, por los paisajes rurales, ¿supone que no le gusta la ciudad ni tampoco las personas, ya que pocas veces hizo retratos?

—Me gustan el campo y la ciudad y, claro, las personas. Cuando empecé, a los quince años, di mis primeros pasos en la figura e incluso en el retrato...

Dice usted «incluso» con cierto sentido peyorativo...

—Bueno, el retrato está absolutamente en decadencia, ya que desde hace muchos años no ha conseguido añadir nada a lo que ya existía, no ha incorporado nuevas concepciones al género. Nadie ha superado aún a Goya ni a cualquier retratista del XVIII.

Volvamos al porqué de su predilección por el paisaje...

—Mire, cuando la guerra civil, yo sufrí muchísimo en Madrid, contemplé escenas espantosas, vi cómo las gentes se atacaban entre sí con saña... Quizás por eso, por cierta sensibilidad muy íntima, comencé a dejar al ser y a irme hacia la naturaleza, que es limpia y hermosa y grande.

Don Benjamín, de no haber sido pintor, ¿qué hubiese hecho?

— Me hubiese gustado ser músico. O poeta.

No vale: seguimos en campos muy afines. Elija una profesión al margen de lo artístico. ¿Ingeniero? ¿Médico? ¿Militar?

— No, no, ninguna de esas profesiones me atrajo nunca. Hubiese sido labrador, como mis padres fueron. De niño ya me encantaba trabajar el campo.

No es preciso andar muy profundamente por senderos freudianos para llegar a la conclusión de que la apasionada entrega de Benjamín Palencia en su pintura a los paisajes rurales es una vivencia de su niñez.

— Claro, claro que sí... —confirma el maestro.

Terminamos dando un repaso a la obra que se almacena en este estudio de la calle de Sagasta. Reposa la vista —reposan los sentidos todos— frente a estos campos ocres. Espanta pensar que, cien escalones más abajo, la barahúnda del tráfico está en su apogeo.

ANTONIO BIENVENIDA

Lo más parecido a un torero es un astronauta.

Todos los toreros tienen miedo; pero muchos, se lo aguantan.

Lo que más ha cambiado en la fiesta es el público, a causa del turismo.

Nunca he sido supersticioso.

TENÍA que ser así: Antonio Mejías «Bienvenida» me cita para después de los toros. En un bar elegante que acaba de abrir su hermano, Juan, cerca de Velázquez. Cuando Antonio entra, lo hace con andares garbosos, que guardan todavía recuerdo próximo de paseíllo al son del pasodoble. Ha engordado un poco desde que se retiró de los ruedos, pero sigue con hechuras toreras. Pienso que el tercer hijo varón del «Papa Negro» será torero siempre, hasta que se muera (y Dios quiera que tarde muchísimo). Me habla en seguida de la corrida que acaba de ver.

¿Y qué tal te encuentras ahora, viendo los toros desde la barrera?

—Fatal. Echo mucho de menos la Fiesta. Quisiera saltar al ruedo, participar en aquello. Hace ya más de un año que me retiré y, sin embargo, no se apaga la nostalgia, chico. Sobre todo —es curioso— después de las corridas. Entonces es cuando más noto la falta de lo de antes...

¿Qué experiencia has sacado de tus ensayos como crítico taurino?

—Que eso de escribir de toros es muy difícil; por eso lo he dejado. Mira, ahora puedo decirlo porque ya nadie pensará que quiero dar coba: luego de haber estado la temporada pasada haciendo crítica, admiro profundamente a los profesionales.

Bien, la verdad es que has sido un crítico muy benévolo, Antonio...

— Claro, ¿cómo iba a serlo?

Al principio le llamaron «Antoñito», por el aquel de su juventud. Cuando se fue de los toros, llevaba varias temporadas siendo «don Antonio», en premio a su sabiduría. Los aficionados le debemos recuerdos memorables; personalmente, he de agradecerle algunas faenas inolvidables, como aquella de los primeros seis toros que mató a beneficio del Montepío, como la de la tarde con Carmona y Silveti, como la de San Sebastián de los Reyes, cuando ya era más veterano. Al irse Bienvenida de la Fiesta, se marcharon con él muchas cosas; la más importante, la tradición, el concepto clásico del toreo, la seriedad en la plaza.

Porque ahora se lleva cada vez peor la lidia y los primeros espadas se inhiben por entero de su dirección. ¿Por qué es eso?

— No es culpa de ellos, sino del público. Al público de hoy no le interesa nada la lidia; lo que le importa es ver la mayor cantidad posible de pases.

Sin embargo, los toreros actuales no son como los de tu generación. Tú te retiraste a los cincuenta y un años y seguías usando el estoque de verdad. Hoy, los chavales no pueden con él y han de recurrir al simulado...

— Sí; se ve que les resulta más cómodo. Aunque yo no lo comprendo, porque el estoque es un arma de defensa, que ayuda mucho durante la faena de muleta. Además, ocurre muchas veces que los toros se cuadran y piden la muerte cuando terminas una serie de pases. Si entonces hay que ir en busca del estoque de verdad puede perderse la ocasión de terminar una faena en su momento justo.

Antonio Bienvenida fuma tabaco negro y bebe café. Le gusta el vino tinto y tampoco le hace ascos al whisky, al Chinchón ni al tequila; sobre todo, al Centenario, ése al que tan requetebién le sientan el limoncito y la sal. Desde que se retiró, está entregado por entero a su negocio de automóviles, aunque no se pierde corrida de importancia. Y, naturalmente, de vez en vez se viste de corto y se harta de dar pases en cualquier tentadero.

Oye, Antonio, ¿qué es eso de ser torero?

— Pues mira, algo extraordinario. Para ser torero hay que estar un poco loco. ¿A ti te parece normal lo de ponerse delante de un toro, para jugarse la vida cada tarde?

No, claro que no. Me parece tremendo.

— He pensado muchas veces que lo más parecido a un torero es un astronauta. Cuando le suspenden un vuelo ya programado debe pasarle lo que a nosotros cuando nos suspenden una corrida: por un lado nos alegra, por otro nos da rabia, porque ya nos habíamos hecho el ánimo. Y es que el torero tiene una doble personalidad. A medida que nos vamos vistiendo de luces, cambia nuestro «yo». Cuando nos ponemos la taleguilla ya somos enteramente distintos.

Bienvenida habla siempre del toreo en presente, como si estuviese aún en activo.

En estos últimos años, ¿qué ha cambiado más en la Fiesta?

— El público, a causa del turismo. Cada vez hay menos aficionados. Menos gente que vaya a ver lidiar; en general, los espectadores actuales van a contemplar un espectáculo artístico.

¿Y el toro ha cambiado mucho?

— Menos de lo que se dice. Creo que desde los tiempos de Pedro Romero se está diciendo que cada temporada los toros son más chicos. Lo que sí ocurre ahora es que los ganaderos se preocupan de

Los toros, desde la barrera.
Antonio Bienvenida sonríe en el tendido.

Clásico en el vestido de torear, clásico en el gesto, clásico en el estilo. Así era don Antonio Bienvenida.

mandar reses más aptas para el toreo que priva; precisamente porque el público no acepta faenas poco vistosas y rechaza lo que antes se llamaban «faenas de dominio».

El miedo. Siempre he pensado que los toreros deben pasar un miedo espantoso. Antonio Bienvenida me lo confirma:

— Vaya que sí. Todos pasamos muchísimo miedo. Lo que ocurre es que nos lo aguantamos casi siempre. Pero es un miedo, además, muy complejo: miedo al público, a la responsabilidad, al fracaso. Y al toro, naturalmente.

¿Y no has conocido nunca a ningún torero inconsciente, a ningún torero que no tuviese miedo?

— Pues no. A ninguno. He conocido, eso sí, a toreros muy valientes. Ahora mismo hay uno, Diego Puerta, que es fenomenal en cuanto a valor. Bueno; pues me ha confesado que también pasa muchísimo miedo, aunque se lo traga.

Cuando estabas delante del toro, ¿te acordabas de tus hijos, de tu mujer, de todo lo que podías perder en un momento?

— Afortunadamente, no. Si no, no podría haber sido torero.

Treinta años de matador de toros es el récord —difícil de batir— que Antonio Mejías dejó en la historia de la Fiesta Nacional. En ese cuarto de siglo largo, pasaron junto a él docenas de matadores de toros. En realidad alternó con tres generaciones de toreros.

Y entre tantos compañeros como has tenido, ¿cuáles te impresionaron más?

— Tres, sobre todos. Manolete, por su estoicismo, porque era un torero fuera de la lógica. Le hacía faena a todos los toros y esto, técnicamente, no es lógico. Fue el torero de toda una época y su mejor símbolo. Domingo Ortega, por todo lo contrario; porque era el torero de la lógica, del conocimiento y del dominio. Y, finalmente, Pepe Luis Vázquez, por su gracia, por su arte, por su inmensa personalidad.

Sinceramente, ¿crees que «El Cordobés» ha sido beneficioso o perjuidicial para la Fiesta?

— Un torero que apasiona a las multitudes es siempre beneficioso. Y es evidente que «El Cordobés» llenó las plazas y subió los precios.

¿Pero no desorientó también a la afición?

— Creo que no, porque su estilo de torear sólo se lo ha tolerado el público a él, por su gran personalidad. Los que han intentado imitarle no han conseguido nada. En cambio, bastantes toreros de su época se han abierto camino practicando, como reacción, un estilo clásico, muy distinto del suyo.

Hablamos ahora de toreros que nos gustan a los dos. Desde mi modestia de simple aficionado (aunque creo que bastante bueno), me alegra comprobar cómo coincido en mis criterios con el maestro Bienvenida. Le recuerdo alguno de sus grandes triunfos.

— Mi mejor recuerdo como torero —me dice— es el de la última corrida que me vio torear mi padre, en 1964, en la plaza de San Sebastián de los Reyes. Salió un toro al que le hice una faena muy a gusto. Mi pobre padre me dijo: «Luego de verte torear así, ya no me importa morirme». A los ocho días enfermaba y poco después fallecía.

¿Has sido supersticioso?

— No. Ni lo he sido en los toros ni lo soy en nada. Siempre pensé que bastante preocupación daban los toros para, encima, complicarse la vida con otras manías.

¿Y has ganado mucho dinero toreando?

—Mentiría si te dijese que no. Pero no olvides que a lo largo de treinta años de profesión, mis tiempos con más prosibilidades coincidieron con la época de la pobreza y los bajos precios. De ahí que fuese justamente en mi última temporada de matador de toros cuando más dinero gané.

Desde el ruedo, ¿se oye lo que el público grita?

—Claro que sí. Se oye todo perfectamente. Te podría contar anécdotas estupendas sobre esto. Por ejemplo: en 1945 fui a torear a La Coruña. Era Año Santo y mi madre me encargó que no olvidase aprovechar para ganar el Jubileo. Por la mañana del día de la corrida me fui a Santiago y confesé y comulgué. Luego por la tarde, salió un ganado difícil y la verdad, estuve mal. Hasta me dieron dos avisos en el segundo. Al acabar, estaba en el callejón, muy recogido, cuando una señora me llamó desde una contrabarrera: «¡Antonio, Antoñito!». La miré. Me dijo: «Ya te he visto esta mañana, en Santiago, comulgando». Yo le sonreí. Entonces, la señora siguió gritándome: «¡Menos piedad y más arrimarte, sinvergüenza!».

¡Ay, Dios mío, la tremenda crueldad del público! Aunque la verdad es que Antonio ha tenido casi siempre de su parte a las gentes, sobre todo en Madrid. Les caía bien su clasicismo, su categoría humana, su historial. Sobre todo, a raíz de su campaña contra el «afeitado» de los toros.

¿Fuiste sincero cuando iniciaste aquella campaña?

—Desde luego. Y es que el afeitado entonces —allá por 1952— había llegado a límites escandalosos. También es verdad que mis declaraciones se desorbitaron bastante.

Aquello, ¿te perjudicó o te benefició?

—Al principio algunos compañeros, y varios empresarios se enfadaron conmigo. Pero andando el tiempo, creo que me benefició.

Ya fuera del toreo, pensando en lo que fuiste, ¿cómo definirías a Antonio Bienvenida, matador de toros?

—Fue un torero con mucha afición, que puso en la profesión toda su alma y trató de seguir la línea más clásica.

¿Y cómo defines al industrial don Antonio Mejías Jiménez?

—El toreo me hizo mejor. Porque el toro le humaniza a uno.

¿Serán toreros tus hijos?

—No. No tienen ninguna afición. El mayor dice que quiere ser arquitecto. El otro, que anda por los veinte años dice que será Ingeniero.

Con la mano en el corazón, ¿no te entristece que la estirpe taurina de los Bienvenida no tenga continuación?

—Con la mano en el corazón, como torero, sí. Como padre, en cambio, me encanta que mis hijos no quieran ser toreros. Palabra de honor.

No hace falta empeñarla, Antonio. Lo comprendo perfectamente. (Y seguimos hablando de toros, ahora con los Armiñán, padre e hijo, que llegan para comentar la corrida de hace un rato. Y Antonio Bienvenida está feliz en este terreno, en este mundo que ha sido suyo desde que vio la luz y que lo será por siempre jamás, amén. Marca un pase, finge una estocada. Con una sonrisa blanquísima, siempre abierta; con la cicatriz que deja prueba fehaciente en su cara de que eso de torear tiene sus pelendengues. Con la ilusión de un «maletilla» y la sabiduría del que ha sido el último maestro del arte del toreo. Don Antonio Mejías, el de los gestos sonados; aquel diestro que toreaba al natural adelantando la pierna contraria, que dibujaba las verónicas con perfiles acabados, que volaba ingrávidamente cuando levantaba los brazos, para poner iguales y en su sitio, los pares de banderillas. Está ahora vestido de gris, lleva corbata de alegre dibujo y camisa de seda cruda. Pero a pesar de los pesares, le sale por todas partes el torero que lleva dentro. Que llevará mientras viva.)

CHARLIE RIVEL

Nadie es artista de circo por dinero.

Los grandes actores cómicos han salido del circo:

Chaplin, Keaton, Laurel y Hardy, Danny Kaye.

El clown es un hombre que juega con la melancolía para provocar la risa, que es lo más bonito del mundo.

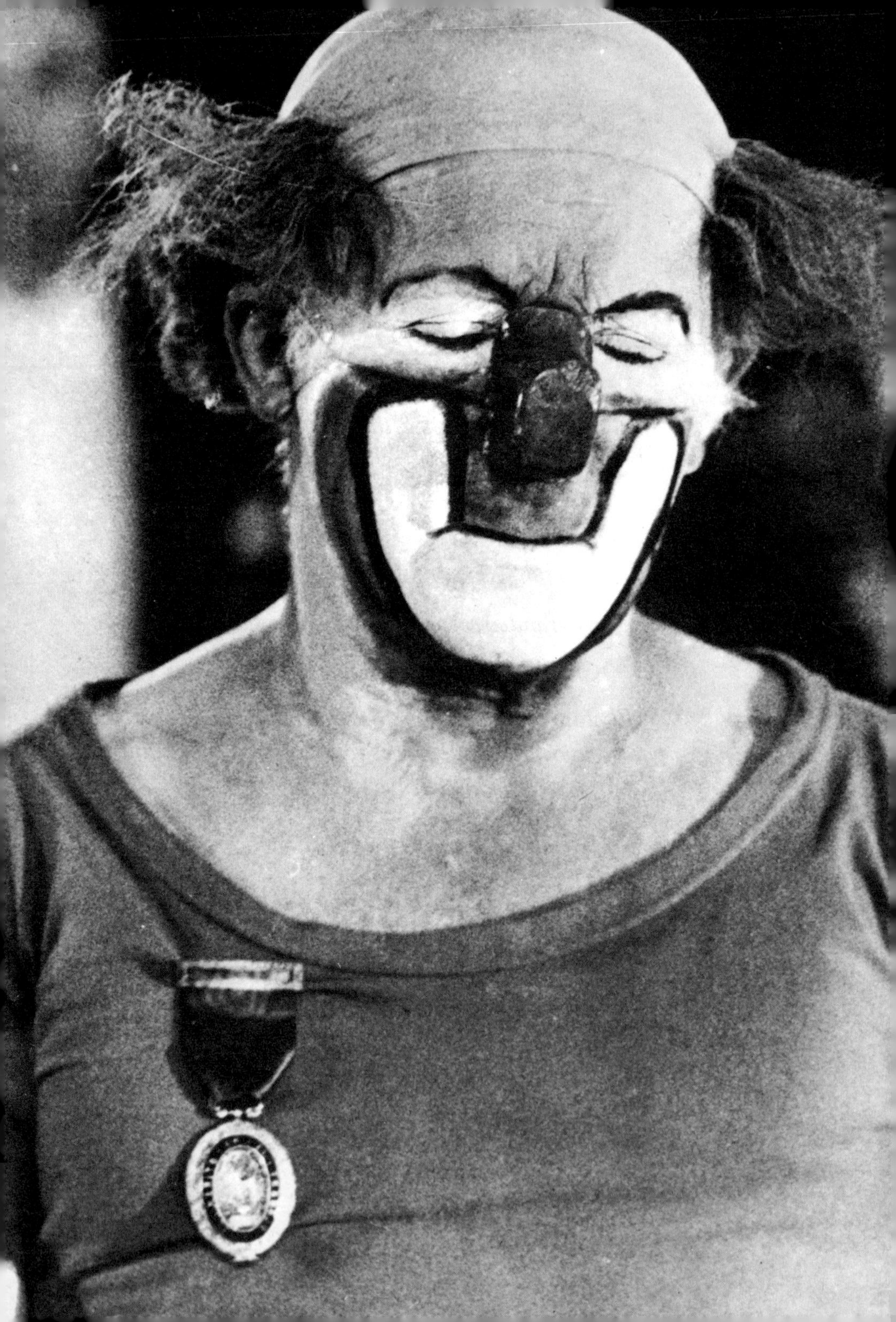

La alegría que pasa, la tristeza que queda. O sea, el circo. Sobre esto, uno ha escrito siempre un artículo en sus comienzos. El mío, recuerdo, se llamó *El circo, para los hombres buenos.* Hace ya más de veinte años. Me tiraba el circo, porque mi padre me llevó mucho de niño. Mi padre era —sigue siendo— un entusiasta del circo clásico. Del circo con trapecistas audaces, con caballos amaestrados, con domadores de gruesos bigotes, con forzudos, con augustos parlanchines, con malabaristas ágiles. Y con payasos. El «clown» es, tradicionalmente, el número fuerte circense. El «clou» del circo. Por eso cierra el espectáculo.

Tengo ante mí al mejor payaso del mundo. Muerto hace años Grock, nadie le discute esta primacía. Se llama Pepe Andreu; pero en el mundo ha hecho famoso su seudónimo artístico: Charlie Rivel. Catalán, nacido en Cubellas, casi ochenta años, millonario. Es pequeño, de brazos cortos y cojea levemente. Pelo rubio —me da la impresión de que usa peluquín—, ojos azules, acento internacional. Digo internacional porque no puede decirse que sea francés ni inglés ni alemán; mucho menos, español. Charlie Rivel habla una especie de mezcolanza de idiomas varios, sin concreción determinada. Le acompaña su mujer, Carmen, que es madrileña, aunque tampoco lo diría nadie oyéndola hablar.

Dígame, Pepe, ¿piensa seguir aún mucho tiempo en el circo?

—El artista nunca debe decir que se va. Fíjese en los muchos que lo dijeron y acabaron volviendo. Nosotros sólo nos vamos cuando nos echa el público. Y, gracias a Dios, no estoy en ese caso...

¿Cómo es el mundo del circo?

—Duro, difícil, exigente, agotador. Nadie es artista de circo por el dinero, créame. En la carpa buscamos la gloria, llegar a lo más alto, ser famosos... Nos consideramos compensados de sobra cuando logramos todo eso. Pero es difícil conseguirlo; el circo es como un barco en alta mar, durante una tormenta. Necesita un buen piloto; pero, al final, la mano de Dios es quien le salva.

¿Se arrepintió alguna vez de ser payaso?

—No, no, en absoluto. He sufrido mucho en mis comienzos; he pasado días sin comer, siguiendo la carreta bajo la nieve, en esa estampa que parece tópica, pero que yo viví en la realidad. He empezado desde abajo; a los tres años salí por primera vez a la pista y puedo decir que después lo he hecho todo. Bien; ahora soy Charlie Rivel, tengo una fama, me llaman los Reyes y los Jefes de Estado, tengo una posición asegurada... ¿Cómo voy a arrepentirme de mi vida?

Me ofrece un cigarro puro. Rivel fuma «Montecristos» del número cuatro; es decir, el cigarro que a uno le parece perfecto en sabor y tamaño.

—Cinco o seis diarios —me explica.

Hábleme más de los payasos...

—Los payasos del circo han sido escuela de grandes actores cómicos. No se olvide de que, entre otros, salieron de la carpa Charlie Chaplin, Buster Keaton, Oliver Hardy y Stan Laurel, Dannie Kaye... Luego, triunfaron en otros campos. Pero gracias a que habían sido payasos, a que traían la solera y la gran escuela del circo...

¿Recuerda sus comienzos?

— Vaya que sí. A los tres años salí por primera vez a la pista; mis padres eran del circo. Tan pequeño levantaba unas pesas, donde estaba escrito «300 Kgs.». La gente se reía. He pensado que ahí se marcó mi destino, el feliz destino de hacer reír a la gente. A los nueve años, estando mis padres en París, se puso enfermo el payaso —se llamaba Charlie— y el empresario me propuso salir a sustituirle. Recuerdo que al acabar me dijo el empresario: «Tú serás un gran «clown». Y, por fortuna, acertó en el pronóstico.

Una editorial sueca ha comprado a Charlie Rivel los derechos de sus *Memorias,* que está escribiendo. Le pagan varios millones de pesetas. Su vida comienza en Cubellas, un pueblecito costero cercano a Garraf, que no era nada y ahora está repleto de rascacielos.

— Lo han estropeado, oiga —me comenta Rivel. Y tiene razón.

Cuando nació, en 1896, sus padres eran pobres. Muy pobres. La mujer del saltimbanqui Pedro Andreu estuvo a punto de dar a luz en un establo donde pudo nacer Charlie —«como el niño Jesús, fíjese»— si Teresa, la del café de la plaza, no le hubiese ofrecido cobijo. Ahora, «Pepet» Andreu ha levantado en su pueblo un espléndido «chalet», estilo andaluz, con umbroso jardín.

— Pues me pasé muchos años buscando en los mapas Cubellas, mi pueblo, y no lo encontraba, porque es tan chico que no lo citan. Hasta que lo descubrí en 1953, cuando volví a España. Ahora me paso allí las horas muertas, en cuanto tengo unos días libres en mi trabajo. Soy muy feliz en aquella casa...

Aparte de esto, ¿qué le hace más feliz, Pepe?

— Las cartas que recibo. Las cartas de gentes de la más diversa condición, a las que he hecho pasar un buen rato.

Dice Charlie Rivel: «La risa es lo más hermoso del mundo». Tiene razón.

El mejor payaso del mundo: Charlie Rivel, nacido Pepe Andreu, con su mujer.

¿Cuál es el mayor elogio que le han hecho?

— Siempre recordaré una tarde, en Estocolmo, trabajando en el circo en presencia de la familia real. Me acerqué a ofrecer un ramo de flores a la Reina; el Rey se levantó, saltó a la pista y me dio la mano. Me invitó a ir a Palacio, donde me llenó de atenciones. Me pidió que me nacionalizara sueco; pero eso, no. Yo siempre he sido español y moriré siéndolo.

En sus comienzos, Charlie Rivel hizo popular un número en el que imitaba a Charlot. En cierta ocasión, Chaplin, que asistía a la función, entró al camerino para preguntarle:

—¿Es usted quien me imita o le imito yo a usted?...

Tres hijos. Siete nietos. Los hijos —René, Rogelio, Marcelo—, «Los Charlivels», han trabajado en los más importantes «Music-halls» de Europa.

— Lo suyo es más para esta clase de locales que para el circo...

¿Quizás porque el circo se acaba?

Rivel endurece el gesto. Creo que no le ha gustado mi pregunta.

— El circo no morirá nunca. No puede morir, porque es el único espectáculo que queda para la gente honrada. Para la gente sana, sin distinción de edades.

¿Qué es un «clown»?

— Un payaso blanco, un hombre que juega con la melancolía para provocar la risa. Un repartidor de alegría...

Se calla unos momentos. De pronto, dice:

— La risa es lo más bonito en este mundo...

¿Cómo voy a discutírselo, si es verdad? ¿Cómo voy a negarle la hermosa función de los payasos, que nos hacen reír?

¿Qué hace falta para ser un buen payaso?

—Corazón y humanidad. Nosotros provocamos la risa partiendo de un afecto, de una aproximación de sentimientos. Mire; he actuado ante los auditorios más diversos. Ni que decir tiene que, muchísimas veces, para niños enfermos. Es cuando más me enorgullezco de mi profesión, porque saber que les hago felices durante un buen rato me compensa de todas las amarguras que he podido pasar en el circo...

¿El auditorio más difícil que ha tenido?

—Sin duda, cuando actué en un manicomio. Los locos, al principio, se reían mucho; luego, me quisieron pegar. Y, sin embargo, acabada la representación comenzaron a mandarme los regalos más extraños: botones, cajas de cerillas, dibujos absurdos... Guardo algunos de ellos; los pobres me enviaron lo que tenían en más aprecio. Aquella fue una experiencia tremenda en mi vida...

Podemos decir sin metáfora que este hombre es el circo. Ha hecho de todo sobre la pista; comenzó como acróbata y de ahí le viene su espléndida fortaleza física. Extiende un brazo, para decirme:

—Toque, toque...

Tiene unos bíceps impresionantes. Cuando derivó, de los números de acrobacia, al humor, dio el paso definitivo hasta la fama. Ha sido condecorado por los gobiernos de todo el mundo —en España le concedieron hace poco la Encomienda de Isabel la Católica— y fue amigo personal de las primeras personalidades del Universo. Me habla de Kennedy, de Churchill, de Gustavo de Suecia, de Isabel II de Inglaterra, de Franco, al que conoció cuando la Guerra de Africa... Vive habitualmente en París, en un soberbio palacete en Chenerrière-sur-Marne, cuyas fotos me enseña Carmen, su mujer. Un palacete fin de siglo, con frondosos jardines.

— Pero quiero acabar mis días en Cubellas. Es donde mejor me encuentro.

Siga hablándome de los «clowns»

— Contra lo que puede parecer, ésta es una profesión peligrosa. Muchos «clowns» acaban mal; beben demasiado, quizás porque son melancólicos, quizás porque necesitan tener valor...

¿Quiénes han sido los mejores «clowns»?

— El español Antonet, un gran maestro. Walter, que murió borracho. Y Grock. Y, naturalmente, «Charlot» y Buster Keaton y ésos de que antes le hablaba, que se pasaron al cine, pero que siempre mantuvieron sus «gags» y su humor puramente circense.

¿Dónde hay más afición al circo?

— En Suiza, en Escandinavia, en Alemania...

Fuera de la pista, ¿cuáles son sus aficiones?

— Me gusta mucho pescar. He llegado a pescar hasta tiburones.

¿Dónde se inspira para su trabajo?

— En la vida. Mi éxito es ése, la humanidad de cuanto digo y de cuanto hago. Como le decía, hay que tener mucho corazón para ser payaso. Una gran sensibilidad, con la que se llega al público, sea cual sea. Uno de los fenómenos más curiosos de esta profesión es comprobar que reaccionan lo mismo en España que en Suecia, en Estados Unidos que en Marruecos...

Aspira lentamente su cigarro. Se recuesta en el butacón. Sus ojos azules parecen buscar recuerdos de tantos años que han quedado grabados en ellos, ante los que desfilaron millones de personas de toda raza y condición. Y todos se rieron con Charlie Rivel.

— Sí, sí; la risa es lo más bonito de este mundo...

No quiero leer los periódicos de esta noche; no quiero borrar por unas horas esta imagen estupenda del payaso con el que tantos ratos deliciosos pasamos, olvidados de la estúpida realidad...

RAFAEL ALBERTI

Una conversación sin respuestas.

Vive en un barrio romano con resonancias andaluzas.

Ofrece jerez a sus visitas.

Admira el teatro de Buero Vallejo.

De cómo se puede vivir en el exilio en un ambiente lleno de recuerdos españoles.

TENÍA un enorme (y lógico) interés por conocer a Rafael Alberti, probablemente nuestro poeta vivo con mayor dimensión universal. De él había hablado con todos los demás poetas españoles que conozco: con Dámaso Alonso, con Gerardo Diego, con Pepe Hierro, con Luis Rosales, con Pepe García Nieto, con Federico Muelas. Varios de ellos son compañeros de Alberti en la «generación del 27». Todos le tratan y le admiran. Alberti y Lorca fueron, en cierta medida, los «niños mimados» de aquella admirable leva poética que surgió finalizando la década de los treinta. Su posterior y conjunta singladura política les prestó también una especial singularidad.

En vista de ello, en uno de mis viajes a Roma le llamé por teléfono. Me respondió él mismo, con voz suave, teñida de un curioso acento entre argentino y andaluz. No puso el menor inconveniente para que nos viéramos en su casa, de Via Garibaldi, 88. Allí vive desde que, hace años, trasladó su residencia más constante a la capital italiana. Via Garibaldi está en ese barrio romano tan lleno de carácter que llaman el Trastevere, porque se encuentra a la otra orilla del Tíber. Barrio popular, cálido y abundante en «trattorias» y plazuelas con sabor.

Curiosamente, la calle de Garibaldi se despega del ambiente más clásico del Trastevere, para acercarse un poco a las callejas del Cádiz marinero. Las casas, de dos o tres pisos nada más, son antiguas y tienen ese color entre ocre y sonrosado de los palacios de Roma. La calle está en cuesta o en pendiente, según se mire. Yendo a casa de Alberti, hay que andarla hacia abajo. Estaba en obras entonces.

La casa es antigua, aunque renovada. Así son casi todas las casas romanas y, desde luego, las más hermosas: viejos palacios o antiguos edificios, que conservan por fuera el encanto desconchado de sus fachadas, y que por dentro gozan de todas las comodidades del momento. Llamé; María Teresa León abrió la puerta y esperé unos minutos en un salón grato, acogedor, entrañable, decorado con dibujos del propio Rafael y, naturalmente, repleto de libros y fotografías en las estanterías.

Enseguida, apareció el poeta. La clásica iconografía por mí recordada de un Alberti juvenil, de rizos oscuros y talle espigado, de un Alberti positivamente atractivo, que se crispaba recitando sus poemas a los milicianos de Durruti en el frente de Aragón, se vino abajo ante la realidad actual. Claro: son casi cuarenta años los que pasaron desde entonces. Rafael pasa ahora de los setenta. Rafael tiene el cabello gris. Rafael, sobre todo, está muy grueso. Y, sin embargo, le sigue manando la finura de su espíritu, la gracia de su alada personalidad.

Nos sentamos en unos sillones bajos, frente a una mesa también baja.

— ¿Le parece que bebamos jerez? —me dijo.

Me parece.

La propuesta no podía resultar más significativa. A mí, que nunca bebo estos caldos andaluces, aquella copa me supo a todo y pensé que me ahorraba bastantes preguntas.

Rafael, le traigo muchos abrazos de Pepe Caballero, que está hecho un chaval. Y de Olga Politermo...

— Estamos en contacto frecuente. Nos escribimos y cuando vienen a Roma, se pasan horas en esta casa. Por cierto, que Olga siempre se me lleva algún libro...

La envidié muy sinceramente.

— ¿Ve usted por Madrid a Buero Vallejo? —me preguntó Alberti.

Sí, con frecuencia. Es buen amigo mío.

— Me parece un autor muy importante. Pero mucho.

Hablamos de teatro, del teatro español actual. Luego, sin saber por qué —quizás por algo que dijo María Teresa—, hicimos algunos comentarios sobre la cocina española en relación con la italiana. Rafael hablaba a media voz, suavemente. Pero creo que sin franquearse del todo, con cierta prevención. Aunque ya por teléfono le había explicado el alcance de mi visita, le amplié en lo posible el tono y la dimensión de mis intenciones como entrevistador. Le expliqué las personalidades que iban a desfilar por mi libro y su intención meramente literaria...

— Ya, ya. Sin embargo, yo preferiría que me enviara usted un cuestionario por escrito. No me gusta contestar de manera improvisada.

No es ésa mi costumbre, precisamente porque lo que busco en estas charlas es la espontaneidad de las respuestas. Pero, en fin, se lo mandaré...

— Gracias. ¿Otra copa?

Otra copa. Conversación sobre temas generales, de escaso interés periodístico. Sobre la marcha, le apunté que su nombre sonaba para el Nobel. Sonrió, sin comentarlo. Aunque poco después, como saltara en el diálogo el nombre de Pablo Neruda, dio a entender que le veía con mayores probabilidades de merecer la atención de la Academia Sueca. María Teresa León iba y venía, ingrávida y silenciosa. Inevitablemente, le hablé de Madrid, de España.

— Ya sé que todo está muy cambiado. Veo con frecuencia fotografías, libros. En la medida de lo posible, sigo la evolución del país.

1934. Rafael Alberti y María Teresa León,
en sus años de juventud combativa.

Rafael Alberti, en su casa de Roma, en 1972.
«Un cierto aspecto abacial...»

¿Y por qué no vuelve? Debía usted volver, Rafael...

Un silencio. Una sonrisa ciertamente difícil de interpretar. No quise romper la pausa; no quise insistir. La tarde se escapaba y andábamos a media luz en el salón, lleno de resonancias españolas: las fotos, los cuadros, los libros, un cartel de toros... Inesperadamente, Alberti dijo:

— No, por ahora no volveré...

Y otro silencio. Y, para romperlo, un tema cualquiera; creo que entonces hablamos de cine. Llevábamos más de media hora charlando y resultaba que lo más importante de la conversación eran los silencios. Hubo una llamada telefónica desde París, de un editor. Volvió Rafael, para reposar su humanidad en el sillón.

— Perdóneme; es que van a publicarme una nueva edición francesa de algunas de mis cosas...

Marinero en tierra, Cal y canto, Retornos de lo vivo lejano, Poemas de amor. ¿Cuál de todas sería? No me lo dijo; tampoco se lo pregunté. Había cierto constante embarazo entre nosotros. Y en realidad, ¿por qué? Me acordaba de su *Oda a Platko,* el portero húngaro que jugó en el Barcelona. De sus versos a Buster Keaton. De cómo este fenomenal poeta ha encontrado registros líricos a temas que se les escaparon a todos los demás; así, el fútbol o las películas.

¿Ni una pregunta ahora para el libro, Rafael...?

— No, no. Ni una, se lo ruego, Mándemelas por escrito.

También le mandaré un fotógrafo. No he querido traerlo hoy por si tenía usted algún inconveniente.

— Ninguno. Que venga mañana a estas horas.

El fotógrafo fue, en efecto, y las fotos ahí están. Yo, de regreso a Madrid, le envié el cuestionario. Luego hablaré de él. Vuelvo ahora a aquella tarde. Eran las ocho pasadas; me despedí de Rafael.

— Le acompañaré hasta la parada de taxis —me dijo—. La calle está levantada, por las obras, y no la encontraría…

No se moleste…

— ¡Faltaría más…!

Salió conmigo de su casa; María Teresa quedó en el zaguán. Anduvimos algo más de un centenar de metros, sorteando zanjas. En la esquina estaba la parada de los taxis.

— No deje de saludar a todos los amigos de Madrid.

Lo haré. Gracias por su acogida. Y procure contestarme cuanto antes al cuestionario…

Le dejé, en la incipiente penumbra de Via Garibaldi —como una calle gaditana y marinera—, moviendo la mano en señal de despedida.

* * *

Eran trece preguntas (¿Sería ése mi error, no advertir el mal fario del número?). La primera, sencillamente, ésta:

¿Qué es un poeta?

Y, después, sobre la inspiración, sobre la generación del 27, sobre la sinceridad del poeta, sobre sus autores preferidos, sobre la preceptiva, sobre sus aficiones pictóricas. Procuré que el cuestionario no tuviese ninguna doble intención, ninguna posible interpretación ajena a la puramente literaria. Lo repaso ahora y sólamente encuentro dos preguntas en cierta medida matizables. La sexta:

¿Hasta qué punto ha influido el exilio en su obra de creación?

Y la séptima, que era inevitable:

¿Cuáles son sus recuerdos más vivos de España?

Se las mandé a los tres días de nuestra conversación. Pasaron dos semanas sin noticias. Una tarde, estando Olga Politermo en mi casa, le trasladé mi extrañeza por el silencio de Rafael. Le llamó por teléfono en aquel mismo momento.

—Dice que no te preocupes, que te contestará... —me tranquilizó.

Al día siguiente le escribí, mandándole nuevamente el cuestionario, por si lo había extraviado. Y hasta ahora.

Pero Rafael Alberti no podía faltar en este libro y por eso llega a él, aunque sea tan diluido, tan desangelado. El, que es la pura gracia en verso. El, que le pone alas a los romances y los suelta como barquichuelas que se hicieran a la mar en la bahía. Creo que, a pesar de todo, debía estar aquí y ya lo está. Véanle en los retratos, orondo y quizás nostálgico; un tanto abacial, pero con la mirada bien viva. A falta de mejor semblanza escrita, valga por esta vez la reproducción fotográfica. Este Alberti actual sin duda sorprenderá a quienes seguían recordándole por los grabados de viejas ediciones, de antiguas colecciones de prensa. Bien hubiese querido yo completar a modo la conversación.

No he podido. Tampoco pierdo la esperanza. Que Rafael siempre fue amigo de sorprender, de asombrar, de nadar contra la corriente. Por eso, quién sabe...

RICARDO ZAMORA

Tal como va, el fútbol puede acabar degenerándose y siendo perjudicial hasta para las relaciones entre los distintos países.

Cuando un balón va colocado, no hay portero capaz de detenerlo.

En mi época de jugador, me escondía en la caseta, durante los descansos, para fumar un cigarro.

XIX
OLIMPIADA
MEXICO
COPA
MUNDO
Mexico
1970

QUE ahora los chicos quieran ser futbolistas, es normal. Pero cuando usted se metió en esto, Ricardo, el fútbol tenía menos difusión que hoy pueda tener aquí el «beisbol». Entonces, ¿cómo le dio por hacerse futbolista?

El gran Zamora está gordo. Lleva lentes, gruesos lentes. La calva no es novedad, porque fue prematura. Camina erguido; sigue impresionando su fuerte humanidad.

— Quizás yo me encontré en esto del fútbol un poco empujado. En el colegio ya se jugaba cuando yo era crío; se jugaba también por las calles; con pelotas de trapo. Sin embargo, mi verdadera afición entonces era la pelota chica, la pelota vasca, sin duda porque mi padre era médico del Frontón Condal, de Barcelona, y yo encontraba facilidades para jugar con los pelotaris. De esta predilección por la pelota derivé hacia el gusto por la otra pelota más grande, por la de fútbol, que se me hizo fácil, ya que su movimiento era más lento que el de la chica. Comencé, pues, a jugar también al fútbol en el colegio.

Le ofrezco un cigarro; pero Zamora no fuma desde hace pocos años. Y asegura que se encuentra mucho mejor, como aseguran todos los que dejan el tabaco. Pienso que para compensar su disgusto y no aparentar envidia hacia quienes mantenemos el llamado vicio. Sigue contándome.

— Precisamente hoy, en una visita que he hecho al arzobispo de Barcelona, le recordaba que mi primer entrenador (llamémosle así) fue un cura, el Padre Sallarés, escolapio. Viéndome jugar en el patio del colegio, adivinó mis condiciones y los jueves, cuando salíamos de paseo, se me llevaba a un rincón del parque y allí corríamos y charlábamos con el balón. Aparte de esto, siempre he pensado que esto del fútbol lo llevaba dentro, aun antes de que me diese cuenta.

En aquellos tiempos, que se llaman «heroicos» del fútbol, cuando un público de dos mil personas constituía «un entradón», ¿llegó usted a pensar en el auge que acabaría teniendo este deporte, llegó a imaginar que fanatizase muchedumbres y hasta produjera conflictos internacionales?

— Desde luego que no. Es más; llevaba ya algunos años jugando, cuando hicimos con el Español la jira por América. Era en 1925 y un viaje ultramarino resultaba entonces difícil y costoso. Yo me hacía cruces de pensar que el fútbol se había incrementado de forma que permitía que veinticinco personas fuésemos a América durante un mes y no se perdiera dinero; incluso, se ganaba algo. Me lo comenté a mí mismo y, por vez primera, tuve la sensación de hasta dónde podía llegar el fútbol. Sin embargo, nunca pensé que a tanto, ni mucho menos que invadiría terrenos equívocos. Porque hoy las pasiones se han desbordado, el río se ha salido de madre y es preciso poner freno a esto, porque, de lo contrario, el fútbol degenerará y se hará perjudicial hasta para las relaciones entre los países, en vez de fomentarlas, como debía ser.

El piso donde vive Zamora es pequeño e impersonal. Lo decoran flores artificiales, cuadros sin importancia, muebles modernos y funcionales. Una jaula, con un canario que nos mira muy callado. En la habitación que usa como despacho, una vitrina guarda los más destacados trofeos que ganó en sus años de jugador y aun mucho después. A lo largo de más de veinte años de futbolista, Ricardo fue toda una institución en el país. El hombre más popular de España, así, sin rodeos.

¿Y qué sensación le producía esto de ser, lo mismo si gobernaba García Prieto, que si lo hacía el general Primo de Rivera, que si presidía don Niceto, la figura más celebrada de la nación?

—Cuando un hombre triunfa en plena juventud, no se da cuenta probablemente de toda la importancia que le da la gente. Yo entonces no me paraba a pensarlo. Aunque, como ser humano (y joven), en algunas situaciones me sintiese envanecido y llegara a creerme «alguien» dentro de un deporte muy popular y siempre convencido de que yo era sólo eso: popular. Nunca dejé de admirar, ni siquiera de envidiar, a otras personas que, por su ciencia y sapiencia, ocupaban lugares destacados en la sociedad..., aunque fuesen menos populares que yo.

La forma de jugar los guardametas de fútbol; digamos la técnica del portero, ¿ha evolucionado?

—Creo que sólo en el trabajo; me refiero en la cantidad de trabajo. Antes teníamos más ocasión de lucirnos que ahora, al no existir los marcajes férreos de hoy. Los delanteros chutaban mucho a gol y el portero entraba en acción constantemente. En el fútbol actual intervienen menos, aunque también con mayor peligro.

¿Y por qué se despeja menos de puños que en su época?

—Porque entonces la carga estaba permitida y delanteros muy fornidos arrollaban al guardameta lícitamente. Por eso no podíamos blocar casi nunca. También por esa misma razón introduje lo que se llamó «la zamorana», un despeje con el codo que practicaba como defensa para evitar que me metiesen dentro del marco si intentaba sujetar el balón. No fue, como muchos creían, un alarde, sino un despeje funcional, porque yo en mis principios era muy delgado y de poco peso y no podía arriesgarme al choque con aquellos delanteros fortísimos e impetuosos, como Travieso, Monjardín, Yermo, Elicegui...

Decían que Zamora imantaba los balones. Aquí, desde luego, lo parece.

El mejor portero de fútbol del mundo, siempre en la actualidad periodística.

De los goles que le marcaron en su vida, ¿cuál le dolió más?

— El de Vallana, en la Olimpíada de París de 1924.

Que fue parecido al que también en su propia puerta marcó Zunzunegui en una final de Copa...

— Quizás peor. Porque Zunzunegui estaba de espaldas y cepilló la pelota; pero Vallana venía corriendo hacia mí, cubriendo al delantero centro cuando se encontró con una pelota centrada desde el extremo, tropezó con ella y la remató a un ángulo de mi marco, como si fuese un delantero contrario.

¿Su parada más querida?

— Por una serie de factores, la que se ha llamado mi última parada, en la final de Mestalla, jugando contra el Español en 1936. Había decidido retirarme después de aquel partido y tuve la suerte de detener un disparo de Escolá dificilísimo. Faltaba muy poco para terminar y gracias a eso fuimos campeones.

Los guardametas —el mismo Zamora— duran más en la profesión que el resto de los futbolistas. ¿Por qué?

— Porque físicamente se agotan menos —explica Ricardo—. Además, en la portería se mejora con los años, al ganar experiencia y colocación.

Lo mismo que se dice que cuando el toro coge al torero, es culpa de éste, ¿puede decirse que cuando al guardameta le marcan un gol, es también culpa suya?

Precisamente, estamos viendo por televisión (aunque sin sonido) una corrida de toros. Sé, además, que Zamora es un buen aficionado a la Fiesta y que incluso, de joven, gustaba de frecuentar los tentaderos.

—Bien, yo no estoy muy conforme con eso de que a los toreros los cogen «porque no le han corregido los defectos al toro», como algunos dicen. Muchas veces, el torero se ve obligado, ante el público poco entendido, a pararse y a estirarse, llevado por su amor propio, haciendo una faena que técnicamente es imposible. Entonces, le cogen. ¿Es culpa suya? Creo que no; más bien de las circunstancias y, naturalmente del toro. En el fútbol, el portero es un hombre estático en un noventa por ciento de veces, que ha de permanecer en una zona limitada esperando que le pongan en acción. Guarda un marco con unas dimensiones que no puede, físicamente, cubrir. Si el balón va colocado a ese margen de metros que escapan a sus posibilidades no podrá nunca alcanzarlo. Y si el delantero llega hasta la puerta con todas las ventajas para el disparo, el gol será culpa..., del delantero. Claro que a veces se detienen tiros de esos que teóricamente debían ser imparables; pero entonces la parada es un «churro».

Zamora habla de fútbol como un catedrático de Administrativo podría hacerlo sobre el recurso contencioso. Olvido que no fuma e insisto en ofrecerle tabaco. Lo rechaza de nuevo, sonriente.

Y en su época de jugador, ¿tampoco fumaba?

—¡Ya lo creo! Es más; tenía tal necesidad de fumar, que en los descansos de los partidos me escondía en cualquier rincón de la caseta, en la ducha, donde fuese, para dar unas chupadas a un pitillo. Lo que constituía para mí un magnífico sedante. Los entrenadores lo sabían y me lo toleraban, porque sólo de esta forma salía tranquilo a jugar las segundas partes.

Luego, cuando fue entrenador, ¿dejaba también fumar a sus «muchachos» en el medio tiempo?

—Naturalmente les decía que no debían hacerlo. Pero si alguno me lo hubiese planteado como yo lo hacía, como un imperativo de tipo sicológico, seguramente se lo hubiese consentido.

Ya que hablamos de entrenadores, ¿tiene eso de ser entrenador de fútbol tanta importancia como ahora se le da?

—Yo no creo que el entrenador tenga la exclusiva de los resultados; no se gana o se pierde siempre por el entrenador. Pero, en realidad, su figura ocupa hoy un plano muy importante en el fútbol. Porque hoy no se juega al fútbol anárquico de mis primeros años, cuando el entrenador podía ser un cualquiera y nosotros jugábamos nada más que con base en nuestras condiciones y en nuestra buena voluntad. Ahora se hace juego de conjunto y el fútbol es científico; casi de laboratorio. De ahí que, si varias personas han de practicar un deporte haciendo las cosas en relación con sus compañeros, es lógico que haya un profesor que los dirija y que sea lo más competente posible, en cuanto a táctica y estrategia.

¿Y en lo humano?

—Es fundamental, porque el factor sicológico interviene en porcentaje elevadísimo. El futbolista, como todo hombre, tiene sus problemas: familiares, económicos, morales. Y su rendimiento, muchas veces, depende de su tranquilidad de espíritu, de su paz interna. El entrenador ha de profundizar en el estado de ánimo de sus jugadores y este aspecto es tan importante como el puramente técnico.

Zamora es crítico deportivo, con carnet de periodista profesional desde hace muchos años. Todavía estaba en activo cuando comenzó a escribir en los periódicos sobre fútbol. Y desde entonces lo viene haciendo con asiduidad; ahora, en *La Vanguardia,* de Barcelona. Pero cuando jugaba, ¿qué opinaba de las críticas adversas?
—Nunca me he sentido quejoso de la crítica. Cuando las censuras venían de firmas que me merecían respeto, leía varias veces, con cuidado, lo que me decían y a veces acababa convencido de que tenía razón el crítico. Otras, no, evidentemente. Pienso que sólo deben molestar las críticas malintencionadas; y yo, en mi vida de futbolista, tuve muy pocas de ésas, a Dios gracias.

Ahora es Zamora quien me ofrece tabaco; un cigarro puro con anilla especialmente dedicada a él, que forma parte de los muchísimos obsequios que recibió durante su último viaje a Méjico, donde fue objeto de un homenaje clamoroso. Hablamos del hermoso país azteca, tan entrañable, tan cordial.

— Me quieren mucho allí y me recuerdan con gran cariño. Fue todo muy emocionante. Como el homenaje nacional que me tributó la Federación Española. Recibí pruebas de afecto de todas las partes del mundo. Ya es bonito cuando uno lleva treinta años largos alejado del fútbol activo...

Pero es lo que al principio decía yo: Zamora está por encima de la gloria contingente, de la popularidad tornadiza. Es ya la gran leyenda, el hermoso mito del fútbol español. Es, para el mundo entero, el mejor portero de todos los tiempos.

Sin embargo, ¿hubiese querido poseer alguna cualidad que tuviera algún otro guardameta?

No llega la respuesta con la fluidez de todas las anteriores. Ricardo, esta vez, tiene que pensarlo un poco antes de responder así:

— Quizás la elegancia de estilo de Guillermo Eizaguirre y la seguridad en el blocaje de Platko.

Sobre el aparador una fotografía de Ricardo Zamora, con gorra blanca y jersey de guardameta. Parece que fue ayer.

Adiós, Zamora...

¿Qué se habrán hecho, Señor, de aquellos cromos donde le veíamos despejando de puños?

EMILIO ROMERO

No hay periódicos independientes en ningúna parte.

En España, ahora, hay un horizonte considerable
de libertad de prensa.

En este país nuestro no se construye un diálogo;
aquí se pontifica o se replica con monólogos.

Después de Franco tiene que originarse un vacío
que las instituciones no podrán cubrir enteramente.

SIEMPRE me impresionó la mirada de Emilio Romero. La mirada de Emilio Romero es penetrante, escrutadora, quizás dura. Es, por otra parte, la que cuadra a un hombre que anda por los caminos del país que llevan hacia el mañana, fijándose bien en todo, reparando en los detalles y en los indicios, sacando a flote problemas y denunciando defectos. Romero es castellano —de Arévalo— y no desmiente su origen. Tiene una cordialidad fría, que nunca se excede en la frase amable y, naturalmente, desconoce el ditirambo. Es de agradecer que haya personas así, reacias a la euforia facilona, en este país nuestro, tan dado a palmadas sonoras que no se sienten incompatibles con la zancadilla simultánea. Romero no es hombre de abrazos, pero tampoco de faenas en la trastienda. Bien está la cosa.

En el censo de españoles que hoy cuentan para los demás españoles, Emilio Romero tiene puesto destacado. Desde las columnas de sus diarios afronta sin pelos en la pluma las cuestiones políticas más espinosas. Escribe, además, libros de ensayo, novelas y hasta comedias, con lo que acaba de confirmar su vocación de hombre público (Sin ir más lejos, Mussolini y Azaña jugaron también a comediógrafos). Y es, sobre todas las cosas, un periodista como la copa de un pino.

Esto supuesto, Emilio, tú, como gran periodista que eres, ¿qué condiciones entiendes que debe reunir quien aspire también a serlo?

Romero no fuma. Romero tamiza sus ojos inquisitivos con el cristal sombreado de las gafas. Romero contesta con pasmosa firmeza, con brillante seguridad. Haría falta un taquígrafo; vamos a ver si no se me escapa ningún concepto y —más aún— si consigo tomar también la forma. Porque este hombre, que sin duda está muy acostumbrado a dictar, responde en párrafos perfectamente construidos.

—¡Bueno! Si sustituimos lo de «gran periodista» por «periodista completo», podría ser un hombre que tenga una curiosidad sin limitaciones por todo lo de su alrededor; que esté dentro del mundo del pensamiento para nutrir las áreas de opinión de su periódico; que tenga olfato para la noticia y su valoración, asignatura ésta que no suele aprenderse en la Escuela de Periodismo. Y que conozca a los lectores a quienes tiene que dirigirse.

Y esa especie poco frecuentada del periodista político, que también encuentra en ti uno de sus más característicos representantes, ¿cómo se define?

—El periodista político tiene que conocer y amar los dos últimos siglos de nuestra Historia, el XIX y el XX. Las dificultades para el ejercicio de esta especialización de periodismo están en función del sistema de juego creado por los regímenes políticos y por la propia Empresa periodística.

A propósito de eso. Recientemente has mantenido tu rotunda negativa frente a ciertos periódicos que se titulaban «independientes». Es decir, no has aceptado que en la prensa quepa hablar de independencia de criterios». ¿Es así?

—Claro. Sencillamente, porque la inversión en un negocio periodístico es menos rentable que en otro tipo de negocios. De ahí que cuando los inversionistas se deciden a arriesgar su capital en la prensa, lo hacen porque tienen otros motivos. Porque quieren decir algo, o defender algunos intereses. No; no hay periódicos independientes en ninguna parte. A ver: que se muestren los Consejos de Administración y las biografías de sus Consejeros.

¿Crees que podemos hablar, en serio, de que tenemos en España libertad de prensa?

— El término «libertad» es tan vago o tan amplio que se hace difícil contestar concretamente. Si por libertad de prensa entendemos la posibilidad de hacer la crítica de la acción del Gobierno, y de interpretar libremente los sentimientos sociales, evidentemente en España, ahora, hay un horizonte considerable de libertad de prensa. Si no funciona a rendimiento óptimo, estoy seguro que es por los propios defectos de falta de independencia de los periódicos. Dime cómo están constituidos los núcleos de influencia y de poder de nuestra sociedad y te diré qué libertad de prensa tenemos.

Y por la reforma del Código Penal...

— No sustantivamente. Eso forma parte del juego de la libertad que tiene el sistema político. Ocurre que algunos dicen que la llamada oposición al Régimen no puede ejercer la libertad de prensa; pero haría falta definir cómo es esa oposición. Ni un solo país europeo tiene una oposición marginada fuera del acotado constitucional. Aquí aspira a derribarlo. Es decir; no es una oposición a la manera como en todas partes, sino una forma de rebeldía contra todo el sistema político vigente.

Uno —la verdad— había venido a hablar con Emilio Romero (seamos sinceros: esta vez sin café ni copa, porque charlamos cerca del mediodía, en su despacho) con su miaja de complejo. Alguacilar al tremendo periodista que es Romero no dejaba de tener sus riesgos. Y para colmo, a uno, como si nada, se le estropea el bolígrafo. Voy a continuar anotando con el de mi interlocutor. Escribe con tinta roja. Esto de usar el propio bolígrafo de Emilio Romero, ¿no hará mejor el reportaje? Confiemos.

Cuando lanzaste tus Cartas a un príncipe *y tus* Cartas al pueblo soberano, *¿escribías con absoluta sinceridad? ¿O buscabas soluciones acomodaticias?*

Caminando hacia el futuro: Romero y el entonces Príncipe de España, Juan Carlos de Borbón.

Emilio Romero y quien fue un buen amigo suyo: el general Perón.

— Aquellos libros estaban escritos dentro de un régimen de censura y de cautelas políticas; hoy tendrían más horizonte.

¿Qué te parece esa especie de réplica que elaboró el equipo de Gil Robles, bajo el título de Cartas al pueblo español?

— Es un manifiesto político anticuado, que corresponde a bases doctrinales, en el mejor de los casos, de 1950.

Romero tiene fama —bien ganada fama— de polemista. Sus «gallitos», sus editoriales, sus réplicas periodísticas han levantado ronchas mas de una vez. Pero ¿vale este país nuestro para la polémica?

— Escasamente —confiesa Emilio—. Aquí no se construye un diálogo. Se pontifica o se replica con monólogos; hay demasiado entusiasmo por las ideas propias y escasa disposición para reconocer los puntos de vista afortunados o convincentes del adversario. Además, siempre se acaba identificando al adversario con el enemigo. Y existe una irritación temperamental que hace degenerar no pocas polémicas en altercados.

De todos modos, ¿no mejoramos algo en los últimos tiempos? ¿No aumentó la capacidad de diálogo del español?

— Eso sí. Porque la sociedad española está más alejada de las empresas políticas dramatizantes que en el pasado, mientras que la clase política es más académica y menos beligerante que antes, después de un enérgico tratamiento de avenencia y de autoridad.

Había protestado levemente Romero, al empezar, sobre este planteamiento oral del reportaje. Prefería el cuestionario, las respuestas escritas y meditadas. Claro que no en vano es un periodista estupendo, al que pude desarmar enseguida aludiendo al inevitable academicismo de esas respuestas pensadas, que nunca traen la espontánea sinceridad de estas otras, cogidas sobre la marcha, al primer toque, que es como hoy juegan al fútbol los buenos equipos y cómo deben marcar goles de interés las interviús que quieran hacer impacto. Comprendo, sin embargo, que algunas de estas preguntas merecían cierto reposo en la contestación. Por ejemplo, ésta:

Hablemos del futuro político de España. ¿Lo ves con tranquilidad?

—No. Pero esto tampoco quiere decir que lo vea con pesimismo. Quiero significar que, sin perjuicio del proceso constituyente en que nos hallamos implicados y que remediará no pocas imprecisiones, hay una realidad que no pueden resolver las leyes, por perfectas que sean: que después de Franco tiene que originarse a la fuerza un vacío que las instituciones no podrán cubrir enteramente, sencillamente porque Franco es algo más que una personalidad política, es una personalidad histórica. A lo que tenemos que aspirar es a que esas instituciones estén en buen rendimiento para cubrir ese vacío con métodos eficaces y oportunos sobre los que, realmente, no se puede hacer ninguna profecía.

Y ya que andamos en profecías. Se lleva mucho ahora el juego del inmediato futuro político de España; el juego de dar nombres y adjudicar desde carteras ministeriales a más modestas subsecretarías. Casi todos los ciudadanos tienen su «nuevo» Gobierno en la cabeza y hasta hay algunos que nos lo presentan como sabido «de muy buena tinta», y se quedan tan campantes. El nombre de Emilio Romero no falta en casi ninguna de esas quinielas.

¿Crees en una probabilidad política tuya? ¿Te sientes con posibilidades de ejercer la acción pública? ¿O te remites, lisa y llanamente, a tu quehacer periodístico?

—Yo he sentido una vocación política desde mi primera juventud. Hasta tal punto que el periodismo fue un descubrimiento posterior, a través precisamente de una inclinación política y del manejo de ideas. Lo que ocurre es que tengo en mi persona una vertiente política creadora y literaria, que me hace poseer un sentido crítico, lo cual no constituye, ciertamente, un factor que facilite una carrera política.

(Pausa. Sí; pausa, como en las acotaciones de las comedias. Pero aquí es real. Creo que a Romero le ha llegado la pregunta; de ahí que quiera matizar la respuesta. Sigue:)

— En cualquier caso, no tengo características visibles de político clásico, y si es ése el que se lleva, carezco de porvenir. Si, por el contrario la política necesitara imaginación y el sentido crítico fuese necesario, entonces se me podría incluir en las listas de los que no van a salir. Ya lo ves: no hago nada por alcanzar un cargo político, y sin embargo alarmo todo lo necesario para no hacer otra cosa que pedalear al lado de los políticos.

Pienso, de pronto, que la vanidad del periodista (y me refiero ahora a mí) sufre cuando tiene enfrente a una persona ágil en el juego del diálogo que no vacila ante las preguntas —por duras que uno las crea— y que acaba fatalmente imponiendo su personalidad en el reportaje.

Este es el caso. No valen aquí florituras ni picardías, aptas en cambio para otros reportajes con personas no menos respetables pero más fáciles de llevar. Y, sin embargo, ¿renunciará uno a colocar alguno de los hermosos tópicos de la interviú más clásica? No. No renuncia.

Emilio, ¿cuál es la noticia que comentaste con mayor dolor?

Vaya: ahora piensa antes de contestar.

— Yo no comento dolorosamente ninguna noticia porque tengo su emoción. Lo que hace falta es que esté sobre mí esa una noticia, óptima o catastrófica. Entonces me comporto como un profesional desalmado. La doy con gusto. Pero, en fin, sí puedo decirte que el artículo que he escrito con mayor emoción (creo que fui el primer periodista que glosó el hecho, cuando se estaba produciendo) fue la puesta en órbita del cosmonauta ruso Gagarín. Era nada menos, que la salida de la Tierra. Eso que han visto nuestras generaciones.

Como quien no lo hace: casi una hora charlando. Habrá que terminar. Hagámoslo llevando al periodista a su terreno, llevando al hombre que sabe levantar empresas periodísticas y acertar con lo que importa a sus lectores a la revelación del gran secreto del interés, quizás del gran truco que permita agotar las tiradas.

> *Dame un titular que garantice que se agota el diario apenas salga a la calle... Dame una noticia en extracto, que tú creas que formaría colas en los quioscos...*

Una luz especial ha brillado fugazmente en los ojos —en los ojos inquisidores, en los ojos siempre alertados— de Emilio Romero. ¿Ha pensado de veras, en la posibilidad de que ese titular sea alguna vez cierto? ¿Le ha ilusionado el éxito periodístico, eso que llamamos «el pisotón»? Puede. Porque este hombre de madura inteligencia, de frío raciocinio, que tratando cuestiones probablemente más difíciles —como las políticas— tuvo siempre respuestas inmediatas y claras montadas sobre argumentaciones perfectamente cartesianas, se hace apasionado cuando llega al tema entrañable de la prensa.

— Prefiero no saber —dice— esa noticia que va a agotar el periódico cualquier día. Aunque fuera la noticia del Juicio Final. Lo que me tiene agarrado al periodismo es esperar que llegue un día esa noticia que tenga una vibración casi irracional en la primera página.

No sé; quizás, pese a él mismo, tenga algún día un puesto importante en la Administración del Estado. Pero entonces, como ahora, como siempre, Emilio Romero será, por encima de todo, un periodista. Un asombroso periodista.

"ANTONIO"

Lo más importante en el baile es la inspiración.

Yo le he dado auténtica categoría al ballet español.

Me hubiese gustado ser Nijinsky.

No he conocido, gracias a Dios, ningún fracaso.

Nunca hago gimnasia ni sigo régimen.

Antonio Ruiz Soler, famoso en el mundo entero por su solo nombre de pila, está sentado en la mesa de trabajo de su despacho, debajo de un cuadro donde aparece vestido de corto, con chaquetilla roja. Visto así puede ser tomado por un joven andaluz —quizá ganadero, quizá terrateniente—, que espera a su Administrador para repasar las cuentas. Muchas otras veces he estado yo aquí con él, tratando de sus problemas laborales, de sus cuestiones legales en general y siempre he tardado en hacerme a la idea de que este hombre era nada menos que Antonio, el bailarín que ha roto todas las normas, que ha impuesto un nuevo sentido del ballet español, que posee el don mágico de electrizar a las multitudes. Antonio, el que nos pone de pie maquinal, instintivamente, con un reflejo de entusiasmo apasionado, cuando se arranca con el «martinete». Pero todo su ritmo frenético, todo su garbo increíble, toda la crispación de sus tacones, es ahora pacífica gentileza, sonriente mesura, cordial conversación. Antonio, fuera de la escena, es eso: el Sr. Ruiz Soler. Pero yo quiero hablar con Antonio, a secas.

Antonio. ¿Qué es el baile?

— Para mí es casi todo en la vida.

Cuando bailas, ¿te abstraes de cuanto te rodea?

— Depende. A veces, sí; a veces me quedo como en estado de trance. Y sólo así me salen muchas cosas que, de otra forma sería incapaz de hacer. En otras ocasiones, en cambio, estoy muy consciente de cuanto sucede a mi alrededor y atento a los demás bailarines, a la orquesta, al público...

¿Qué es más importante en el baile, la técnica o la inspiración?

— La inspiración, desde luego. Pero sin técnica no se puede ser bailarín. Lo sublime de la danza es la inspiración. Ahora bien, necesita la apoyatura de la técnica.

¿Tú qué tuviste antes?

— Técnica. Porque desde muy niño la aprendí. Cualquier persona que no sea profesional puede, en un momento determinado, bailar a impulsos de la inspiración. Pero le fallará algo: justamente eso, la técnica.

¿Por qué has sido bailarín?

— Porque desde que tengo uso de razón, quizá desde antes, me ha apasionado el baile. De crío, en Sevilla, hacía rabona en el colegio para irme bailando detrás de los organillos. Nunca pensé ser otra cosa que bailarín. Un día, mi madre cedió y me llevó a la academia del Maestro Realito, cuando tenía seis años. Así empezó todo.

¿Existía algún precedente artístico en tu familia?

— No, ninguno. Mi padre era mecánico, chófer. Eso, sí; a mi madre le gustaba tanto el baile, que de niña le habían dado muchas palizas por escaparse a bailar a las bodas del barrio. Tenía yo una hermana mayor, que murió, que también bailaba, pero como aficionada. A mi padre lo que se le daba bien era cantar, aunque sólo lo hacía cuando se emborrachaba un poco.

Se ha dejado patillas Antonio, siguiendo esta moda que nos obliga. Los rizos morenos le caen sobre la frente y brillan intensamente sus ojos negros, cargados de intención al mirar. Se levanta para servir unos whiskys; es menudo y nervioso, aunque luego, en el escenario, se agigante físicamente y llegue a dominarlo todo. Le digo que está incleíblemente joven y se ríe con ganas.

—Bueno —comenta—, mis años no son un misterio para nadie. Además, no me molesta el tema de la edad. Sólo me fastidia a veces en América, donde, como me vieron de muy jovencillo, siempre me echan más años de los que tengo.

¿Te acuerdas de tu primera actuación en público?

—Claro que sí. Fue en Sevilla, en el teatro del Duque, hoy desaparecido. Bailaba en una obra folklórica, de la que era primera figura Pepe Marchena. Se llamaba *El brillante del querer y la honra de una gitana.* ¡Imagínate! Hacía un papel de niño. El primer actor era Casimiro Ortas.

¿Cuándo conociste a Rosario?

—En la academia de Realito. Fue el maestro quien nos puso a bailar juntos. En América dijimos; cuando fuimos la primera vez, que éramos primos para que no nos dieran la lata con preguntas pesadas, y todavía en esos países siguen creyendo que lo somos.

Tu primera época artística corre paralela con la de Rosario. Luego, os separais. Y, entonces, fundas tu ballet español. ¿Puede decirse que has creado el ballet español?

—Crearlo, no. Lo había creado Antonia Mercé. Pero yo le he dado una auténtica categoría de ballet. «La Argentina» ya había bailado en París *El Amor brujo* con Vicente Escudero, y la *Sonatina,* de Halffter, con unos decorados muy pobres y, además, sin continuidad en el género, que aún no se reconocía como un verdadero ballet español. Después de ella también «La Argentinita», Encarnación López, montó bailes españoles con una idea de ballet, siguiendo en cierto modo a

Antonio Ruiz Soler, famoso en el mundo, simplemente por su nombre de pila.

El bailarín, en los jardines de su finca «El martinete», en Marbella.

Conchita Piquer. Pero seguían sin tener una compañía fija, como es la mía ahora.

Dentro de un siglo, Antonio, ¿cómo crees que te juzgarán? ¿Qué es lo que vas a dejar?

— Pues creo que marco una pauta dentro de la danza española, la verdad. Yo la he llevado a los grandes escenarios y por todo el mundo. Y mantengo un auténtico ballet español. Ha habido, claro, otros muchos grandes bailarines, pero que se han limitado a dar sus recitales, como artistas únicos, por ejemplo, Vicente Escudero. Por eso, no dejarán más que su recuerdo.

¿En qué te inspiraste para crear el ballet español?

— Siempre hay que inspirarse en algo, naturalmente. Yo me inspire en los ballets internacionales que había visto.

Antonio ha actuado en todos los países del mundo, excepto el Japón y Australia (por ahora, ya se entiende). Hace unos años cumplió uno de sus más queridos deseos: bailar en la cuna del ballet, en Rusia.

¿Qué les impresionó más a los rusos de este ballet tuyo que, realmente, nada tiene que ver con el suyo clásico?

— Mira, ellos hacía más de cuarenta años que no veían bailar danza española auténtica y tenían esa idea falsificada de lo que llamamos «españolada». Les encantó el estilo, la forma de bailar y, en cuanto a mí, les gustó mi personalidad.

¿Cuál ha sido la mayor alegría de tu vida profesional?

— No sé exactamente. Quizá, comprobar que en el mundo me consideran como uno de los cuatro o cinco más grandes bailarines.

¿Te gustaría dejar de ser Antonio para convertirte en otro bailarín?

— Sí. Rotundamente, sí. Me hubiese gustado ser Nijinsky. Porque yo adoro la danza clásica, aunque lleve en la sangre lo español, lo andaluz.

¿Hay algún contacto entre el ballet clásico y el baile español o, por mejor decir, el ballet andaluz?

— La danza española y la clásica se hermanan perfectamente; en realidad, se trata del mejor casamiento que puede existir.

De tu repertorio, ¿qué bailes son los que regularmente gustan más?

— El *Zapateado* de Sarasate; el *Martinete,* y mis bailes flamencos. En el extranjero también les encanta siempre *El Amor brujo* y *El sombrero de tres picos.*

No hablemos de éxito, que es lo fácil. Recordemos algún fracaso tuyo.

— La verdad: fracaso, fracaso, no he conocido ninguno gracias a Dios. Exitos mayores o menores, sí. Pero fracasos, ya te digo: nunca. Y déjame que toque madera.

La toca. Nos sirve otro whisky («Chivas», cual cumple a su condición). Quiere hacerse unas fotografías abajo, en el estudio. (Antonio presume, con toda la razón del mundo, de este estudio suyo, puesto con un gusto extraordinario, rico en muebles y en motivos de decoración, tan bellos como valiosos. Estudio que es, también, un poco archivo de su fama. Porque aquí pueden verse diplomas y títulos honoríficos, escritos en todos los idomas; fotografías de personalidades ilustres del arte y de la política; condecoraciones, cuadros y retratos. Ultimamente, las paredes cuelgan también obras pictóricas del propio bailarín, que se ha descubierto como pintor...)

¿Quieres exponer y todo?

Se ríe con ganas Antonio. Su risa es contagiosa, cascabelera.

—No sé. A lo mejor, cuando me retire.

Conste que no pensaba preguntarte sobre esto, pero ya que sacas el tema. Dime, ¿piensas seguir bailando el año dos mil?

—¡Dios sabe dónde estaré el año dos mil! Pero si vivo, desde luego seguiré bailando con la imaginación.

A propósito de eso: ¿hasta qué punto influye lo físico en el baile? O sea: una persona sin facultades, ¿puede bailar flamenco?

—Hombre, puede marcar los pasos. Las facultades son básicas, como también tiene su importancia el aspecto físico de los bailarines. Porque hay estilos de baile que no le van bien a las personas guapas. Por ejemplo, el estilo de Carmen Amaya era único, y sólo le iba a ella, por aquella personalidad rara que tenía. Luego han querido otras imitarla y han quedado fatal, quizá porque eran más guapas y no encajaban en aquella forma de interpretar los movimientos.

¿Qué bailarines actuales te gustan más?

—A mí, como «bailaora», Mariemma, y también Pilar López, en otro estilo. En hombre, Rafael de Córdova, que me imita fabulosamente y lo hace muy bien; conste que él mismo lo dice y está encantado. También me gusta Antonio Gades, en una línea que a mí me gusta menos; pero, desde luego, es muy buen bailarín.

Antonio, tú has creado —eso no se discute— una escuela de baile. ¿Qué discípulos ves más caracterizados para seguir tus pasos (y nunca mejor dicho) el día de mañana?

—Bueno, hoy ya están muchos comiendo de ella. Casi todos los bailarines actuales tratan de hacer lo que yo he hecho. No voy a decirte nombres, porque como algunos no son inteligentes, considerarían que no deben reconocer estas influencias.

Me ha impresionado siempre la visita a Antonio en su camarín, después de ver una de sus actuaciones. Suda por todos sus poros y da una sensación de agotamiento físico total, sólo comparable a la del atleta que acaba de batir un récord. Por eso me imaginaba que tenía que estar sometido a una preparación especial, quizá a un régimen alimenticio, puede que a sesiones diarias de gimnasia.

—Pues nada de eso. Ayer mismo me he comido dos platos de lentejas con tocino, que me encantan. Nunca hago gimnasia. Sólo alguna vez juego un poco al tenis. ¿Qué más ejercicio físico que los ensayos?

¿Cuántas horas diarias ensayas?

—No sigo una norma especial cuando estoy de descanso. Pero siempre, eso sí, empiezo un mes antes de mis actuaciones el régimen intenso de ensayos. Dos horas para mí solo, y prácticamente todo el día hábil para la Compañía: para ensayar a los chicos del ballet, para preparar la coreografía y todo lo demás.

Como director ¿eres duro?

—Todo lo que se tiene que ser cuando se quiere que las cosas salgan bien.

¿Y te enfadas a veces?

—Cuando algo no sale bien, sí, me enfado.

¿Es muy caro mantener un ballet como el tuyo?

—Carísimo, porque obliga a sostener meses y meses una nómina diaria, con todas sus consecuencias. De ahí que para defenderlo haya que salir al extranjero. Y eso puedo hacerlo yo, pero tampoco es fácil, porque fuera sólo se vende un ballet cuando la figura central interesa.

Antonio fuma emboquillado. Y fuma mucho. Habla con fluidez, como persona que está de vuelta de las entrevistas y de los cuestionarios para la prensa. Precisamente, en uno de los pasillos del estudio, puede verse una selección de portadas de revistas de todo el mundo, con Antonio como figura central. Antonio, con los brazos en alto; Antonio, ingrávidamente por los aires, en un paso de baile; Antonio componiendo un gesto para la posteridad. Realmente, a este español universal le queda poco por recibir de la vida...

— Lo he conseguido casi todo, sí. Pero, sinceramente, lo he ido encajando como en continua sorpresa, porque por mucha que era mi ambición nunca pensé lograr tantísimo.

De tantas personalidades como has conocido, ¿cuál te impresionó más?

— Sin duda, el Papa Pío XII.

¿Y de cuál te ha quedado peor recuerdo?

— También sin dudarlo: de Elsa Maxwell, la chismosa aquella (q.e.p.d.).

Observo de pronto que es tardísimo. Y es que Antonio, acostumbrado a deslizarse como sin pisar sobre los movimientos del ballet, recorre también el diálogo con gracia de «paso a dos». Una última pregunta, pues:

Si en este momento tuvieses la lámpara de Aladino para solicitar la consecución de un deseo maravilloso, ¿qué ibas a pedirle?

— Que el Ministerio me pusiera un cuerpo de baile —de ballet— pagado por él y con carácter estable, para no tener que ir buscando y formando nuevos bailarines cada temporada...

Está claro: este hombre sólo tiene una ilusión en su vida, que ha cumplido con creces. Vamos, que si el baile andaluz no hubiese existido antes, Antonio lo hubiera inventado. En realidad, casi lo ha hecho un poco...

CAMILO JOSE CELA

Ahora se lee más que antes, pero es que antes se leía muy poco.

Utilizo eso que llaman palabrotas por un criterio de conservadurismo.

Recojo y restauro voces que ya usaban nuestros escritores del Siglo de Oro.

No creo haber hecho más disparates que los normales en un contribuyente.

CAMILO José Cela, que fue hace un cuarto de siglo el «enfant terrible» de las letras españolas, vive ahora en Palma de Mallorca casi siempre, y cuando viene a Madrid, en esta casa de la calle de Ríos Rosas, a un paso de la nueva plaza de San Juan de la Cruz, donde también vivía César González Ruano, donde siguen viviendo el pintor Viola y la actriz Lola Gaos. Casa llena de resonancias muy queridas para mí, porque aquí conocí y traté a César, el gran maestro de los reportajes, el inolvidable escritor de los temas cordiales y entrañables.

Veo a Camilo al filo del mediodía; anda en camisa y calzoncillos cuando me recibe y se pone los pantalones con gran naturalidad, como debe ser. Es curioso: siempre he pensado que en Cela todo es natural, hasta lo que a extramuros de su auténtica personalidad podía parecer más artificial. Es decir, que sus supuestas extravagancias no lo son en su verdad ibérica. Que no busca eso que llaman pose, sino que se produce, lisa y sencillamente, como le sale, como le da la gana.

Empezamos hablando de literatura. De las diferencias entre la novelística española de 1942, cuando apareció *La Familia de Pascual Duarte* y ésta de ahora.

— Pues mira —dice Camilo, con su voz grave y su gesto serio—, entonces la novela española estaba muerta o, por lo menos aletargada. Y ahora se dice que atraviesa por un momento esplendoroso, aunque yo creo que es más bien de ebullición, porque esplendor auténtico no lo ha tenido nunca, a no ser con la generación del noventa y ocho.

¿Y se lee más que antes en España?

— Ya te digo que andamos en un momento de ebullición, lo que no implica auge. Pero sí, muchos coinciden en que ahora se lee más que antes. Claro que antes se leía muy poco.

Camilo, ¿te consideras pionero de un nuevo movimiento literario?

— De un nuevo movimiento en su sentido absoluto, no. De volver la literatura a sus cauces, sí. Y en esto todos parecen estar de acuerdo.

En tu éxito literario, ¿influyeron tus «boutades», tus, digamos extravagancias, tu fama de «enfant terrible»?

— No creo, porque en mi generación todos éramos así. Ni tampoco creo haber hecho más disparates que los normales en un contribuyente.

¿Puede establecerse alguna relación entre aquellas extravagancias tuyas y las actuales de Arrabal?

— Cada generación tiene su modo de ser y hasta su modo de extravagancias.

Hay gentes que se escandalizan con Cela porque en sus libros usa y abusa de las palabrotas, de eso que se llama vulgarmente «tacos». ¿Qué opina él sobre esto?

— Yo utilizo las llamadas palabrotas por un criterio de conservadurismo. Recojo y restauro voces que ya usaban nuestros escritores del Siglo de Oro.

¿Has recibido muchas muestras de protesta por hacerlo?

—Sí, claro; pero tenemos el deber de civilizar a nuestras gentes. Contra el erotismo de las derechas debe lucharse con la decencia de la voz en cueros. Hoy mismo he leído en el periódico una noticia alarmante: las derechas yanquis han pedido que los perros lleven taparrabos, para que no luzcan sus partes innobles. Esto no es más que la expresión de unas mentes enfermas y atormentadas.

Mi bolígrafo no funciona. Camilo me presta su estilográfica, pero resulta que está sin tinta. Tiene que sacarnos del atolladero su hijo, con otro bolígrafo que, felizmente, sí que escribe. Cela contesta a mis preguntas, lenta, pausadamente; de hecho, me dicta las respuestas.

¿Es ya la novela un género literario que da dinero a sus autores?

—No puedo hablar por los demás. A mí me da para vivir modestamente y para fumar labores de la Tabacalera.

Si fueses norteamericano, ¿no crees que tendrías millones?

—Desde luego. Pero en ningún caso me cambiaría por lo que soy.

Camilo José Cela, gallego. ¿Ha influido este origen tuyo en tu obra?

—Naturalmente, nacer en una región determinada, imprime carácter a todo. No creo, sin embargo, que podamos hablar de una escuela gallega de la novela, aunque todos los escritores nacidos en Galicia tengamos un denominador común: una especie de crueldad entre intelectual y erótica.

Cuando a Cela le nombraron académico de la Real Española de la Lengua, algunos se escandalizaron. Parecía que él encarnaba, justamente, todos los principios contrarios al conservadurismo de la llamada «docta casa».

Camilo José C
un académico
con toda la ba

Inauguraron una
fuente dedicada
a él. Y Camilo,
que a ratos aún
jerce de «enfant
rrible», se metió
en el agua
tan campante.

— Sin embargo, al ingresar en la Academia no renuncié a nada. Mis dos primeros libros, luego de ser académico, fueron *Toreo de salón* e *Izas, rabizas y colipoterras.* No cabe menos conservadurismo...

¿Es cierto que la Real Academia es bastante carca?

— Nada de eso. Aquello es todo lo contrario de lo que la gente cree. Es uno de los pocos reductos auténticamente liberales que quedan en el país.

Y las sesiones académicas, ¿son graciosas o aburridas?

— Pasa como con los toros; para asistir a una buena intervención hay que ir a todas las corridas.

Pero los académicos viejecitos...

— No te olvides de que son viejecitos muy inteligentes.

¿Has aportado algo nuevo a la Academia?

— No creo.

¿Y a ti qué te ha aportado la Academia?

— La inmensa tranquilidad que le da a un escritor, sobre todo si es joven, no tener que pensar más en si llegará o no a ser académico.

Camilo José, junto con su hermano, es propietario de una editorial que en los últimos años pisa fuerte en el negocio de los libros: Alfaguara. ¿Es buen negocio esto de las editoriales?

— La verdad es que de eso yo sé poquísimo, porque no llevo la Editorial. No me preguntes, por tanto.

Te pregunto sobre cine, a ti, que hasta fuiste actor...

— Sí, hice tres películas, como bien se lee en tu *Diccionario del cine español.* Y lo pasé muy bien.

¿Qué tipo de cine te gusta más?

—Eso es muy técnico. Puedo decirte que últimamente me ha gustado mucho una novelita rosa que se llama *Hiroshima, mon amour*. Me interesa, naturalmente, el fenómeno artístico del cine, como me interesan todos los fenómenos artísticos, en sus múltiples manifestaciones.

¿Y por qué no has escrito algo directamente para la pantalla?

—Porque al cine español le damos alergia los escritores, como se la damos también a la televisión.

Vámonos al teatro...

—Ahora he escrito una cosa de teatro... Espera, que te la voy a regalar...

Se levanta Camilo y de la estantería toma un libro. Se titula *María Sabina* y es un «oratorio dividido en un pregón (que se repite) y cinco meloplas».

—Se trata de la depravada confesión de una india mejicana condenada a muerte. Todo lo que he querido decir, ahí está...

¿Se representará algún día?

—No lo sé. Quizás sí. Pero claro, más que una pieza teatral ortodoxa, es una especie de monólogo. Creo que tiene fuerza dramática.

Y vuestra devoción por las supersticiones. La Santa Campaña y todo eso...

—Bueno, esas cosas nos las tomamos en serio o fingimos tomárnoslas. Podríamos decir que nos ocurre como a los cardenales de la Curia: que estamos en el secreto...

¿Puede ser el comienzo de una dedicación tuya al teatro?

—Eso no se sabe nunca. Por lo demás, yo no veo ninguna diferencia fundamental entre la novela y el teatro; eso que llaman técnica, no es más que la obra. No creo en absoluto en la «carpintería» dramática. Es igual que el andamiaje que se precisa para construir una catedral gótica; hay que quitarlo a tiempo. Pienso que no me falta nada para escribir teatro; si viene un tema claro, me pondría a escribir.

O sea que eres aficionado al teatro...

—Naturalmente; como lo soy a toda manifestación intelectual.

Decías antes que no encuentras diferencias fundamentales entre el teatro y la novela...

—Bueno, lo que no tiene vuelta de hoja es que el teatro es un arte social, de equipo, mientras que la novela es la obra de un individuo...

Luego para el autor, es más bonito escribir novela...

—No sé... Claro que no, en la novela responde sólo de lo que ha escrito. Pero también en el teatro un buen Director es un colaborador muy eficaz. De todos modos en ambos géneros, lo fundamental, la materia prima, es siempre el texto.

Cuanto más hablo con Cela, más me afirmo en la idea que ya tenía de él por anteriores conversaciones; que es muy auténtico, que no hay razón para encajarlo en ese clisé falso y tópico de su pretendida excentricidad, de su supuesta rebeldía. A no ser que llamemos rebeldía a la pública expresión de las ideas propias, a la fidelidad a uno mismo.

Quizá, Camilo, tú seas para la clase media del país un erótico. ¿Qué dices a esto?

— Que el hombre sólo se mueve por tres determinantes: el estómago, el sexo, o el afán de mando. En determinadas ocasiones o en ciertos individuos, prevalece uno sobre otro.

Hace calor en esta habitación en que estamos charlando. La chimenea está encendida; crujen los leños y a veces, saltan chispas.

— Perdona, pero esta casa mía de Madrid —se justifica— la tengo siempre a medio poner, porque en realidad, donde ahora vivo es en Mallorca. Sólo vengo para cosas muy concretas...

Vamos a suponer que uno de los personajes de tu novela, uno sólo, pudiera convertirse en criatura humana y convivir contigo. Se corporeizase, como en las obras de ciencia-ficción y lo tuviésemos aquí, asistiendo a esta entrevista. ¿Cuál de todos tus personajes literarios escogerías para esa humanización?

Ahora piensa unos segundos. Y, en seguida, dice:

— Probablemente, la Catira. Que es un personaje de ficción, como todos los míos.

¿O sea, que los tipos de tus novelas no están sacados de la realidad?

— Remotamente, sí. Pero luego se deforman y se conforman en la cabeza del escritor...

Son cerca de las dos. Camilo José, grave —aunque cordial—, serio —aunque con humor—, actualísimo —aunque clásico—, académico —aunque joven— me acompaña hasta la puerta.

— Ya me enviarás lo que escribas.

Ya te lo enviaré.

Se lo tengo que enviar...

SUMARIO

Todas las fotografías
que ilustran este libro
proceden de los archivos
de la Agencia Cifra,
aue ha autorizado gentilmente
su reproducción.
Nuestro agradecimiento.

SE TERMINO DE IMPRIMIR
EN LOS TALLERES DE

ALTAMIRA

EN MADRID, EN EL MES DE
ENERO DE MCMLXXVI

EL FENOMENO AMIN

de

Jean François Lamar

Si existe un personaje pintoresco en el panorama político mundial, ése es el general Amín, presidente de Uganda, campeón de boxeo de todos los pesos, ex sargento del Ejército Británico, con cuatro esposas legítimas y tres hechiceros a su servicio. Posee también otras significaciones y costumbres menos pintorescas: suele reír a carcajadas en las ejecuciones, que por supuesto contempla. Vinculado a la Unión Soviética y a Libia, a nivel de aprovisionamiento militar, el general Amín ha dado sobradas muestras de lo que bien podría ser llamado sin eufemismos «la locura del poder absoluto». No permite la menor debilidad, aunque sea inexistente, y cuando Elizabeth Bagaya, «Princesa de Toro», le fue presumiblemente infiel, hizo publicar un cartel de la bella mujer, totalmente desnuda, que distribuyó en forma publicada por toda Kampala, con el texto: «He aquí a la traidora.»

SITUACION LIMITE

de

Juan Gómez Casas

Una prisión; las prisiones genéricamente hablando, son mundos absolutamente aparte y prácticamente desconocidos. En ellos se dan los mismos o parecidos problemas que en los macrocosmos humanos, pero se dan además una serie de ellos peculiares de esos submundos: acentuada masificación y promiscuidad, de la que derivan fobias y complejos patológicos, represión sexual, represión coercitiva y autoritaria, sicosis de los más diversos tipos.

Los personajes que aparecen en las páginas de «Situación Límite» son la consecuencia de incontables condicionamientos y determinismos, aunque se manifiestan plenamente libres en el usufructo de su libertad.

---

160 páginas **P. V. P.: 175 ptas.**

300
PESETAS